FACULTÉ DE DROIT DE PARIS

ÉTUDE JURIDIQUE

DE LA

CONCESSION DE TRAVAUX PUBLICS

THÈSE POUR LE DOCTORAT

L'ACTE PUBLIC SUR LES MATIÈRES CI-DESSUS

Sera soutenu le lundi 22 juin, à 1 heure 1/2.

PAR

Albert DREYFUS

Rédacteur à la Préfecture de la Seine
Lauréat de la Faculté de Droit de Paris.

Président : M. TH. DUCROCQ, *professeur.*
Suffragants : M. HENRY MICHEL, *professeur.*
M. WEISS, *professeur.*

PARIS
A. PEDONE, ÉDITEUR
LIBRAIRE DE LA COUR D'APPEL ET DE L'ORDRE DES AVOCATS
13, rue Soufflot, 13

1896

THÈSE

POUR

LE DOCTORAT

La Faculté n'entend donner aucune approbation ni improbation aux opinions émises dans les thèses; ces opinions doivent être considérées comme propres à leurs auteurs.

FACULTÉ DE DROIT DE PARIS

ÉTUDE JURIDIQUE

DE LA

CONCESSION DE TRAVAUX PUBLICS

THÈSE POUR LE DOCTORAT

L'ACTE PUBLIC SUR LES MATIÈRES CI-DESSUS

Sera soutenu le lundi 22 juin, à 1 heure 1/2.

PAR

Albert DREYFUS

Rédacteur à la Préfecture de la Seine
Lauréat de la Faculté de Droit de Paris.

Président : M. TH. DUCROCQ, *professeur.*
Suffragants : M. HENRY MICHEL, *professeur.*
M. WEISS, *professeur.*

PARIS

A. PEDONE, ÉDITEUR

LIBRAIRE DE LA COUR D'APPEL ET DE L'ORDRE DES AVOCATS
13, rue Soufflot, 13

1896

ÉTUDE JURIDIQUE

DE LA

CONCESSION DE TRAVAUX PUBLICS

PRÉFACE

BUT DE CE TRAVAIL

Les plus grands travaux de ce siècle ont été exécutés par voie de concession. Tant en France qu'à l'étranger le sol a été couvert de chemins de fer dûs à l'industrie privée ; et d'immenses travaux internationaux ont été accomplis ou entrepris par des sociétés particulières. La concession a donc été un instrument de progrès des plus puissants. Il serait intéressant de passer en revue les principales conventions intervenues entre l'Etat et les concessionnaires, d'en approfondir les clauses, d'examiner les difficultés auxquelles elles donnent naissance, en un mot d'étudier les concessions telles qu'elles existent en fait. Il serait non moins intéressant de remonter dans l'histoire, de saisir l'origine de notre contrat, d'en suivre les progrès, jusqu'à notre époque de grandes conceptions, ou nous avons assisté à son complet développement.

Tel n'est cependant pas notre but.

Nous avons voulu nous restreindre à une simple étude juridique. Chacune des grandes concessions peut faire l'objet d'un ouvrage, si l'on se propose d'en détailler les clauses et les effets. Quant au point de vue historique il demanderait à être envisagé dans une histoire générale de l'exécution de travaux publics : de tels ouvrages existent, et nous nous hâtons de dire que nous y avons puisé pour l'étude générale et théorique qui est l'unique objet de ce travail.

Une étude générale et théorique, c'est là seulement ce que nous avons en vue. Il existe « des » concessions : nous étudions « la » concession. De ces contrats sans fixité, abandonnés à la liberté des conventions, nous avons essayé de faire un contrat défini, ayant ses règles d'interprétation. Quand la loi réglemente un contrat, elle en détermine les caractères; elle en déduit les effets ordinaires, en laissant aux parties la faculté de les modifier ; enfin les intéressés peuvent y ajouter des stipulations complémentaires ; par exemple pour la vente, la loi commence par en marquer les éléments essentiels ; elle édicte ensuite des prescriptions qui, en l'absence d'une convention contraire, s'imposeront aux parties ; et celles-ci, pour plus grande sûreté des transactions, pourront insérer des pactes accessoires, tels qu'un pacte de cautionnement ou d'hypothèque. Il en sera de même de la concession de travaux publics : nous inspirant des concessions actuellement existantes, et surtout des données précieuses de la jurisprudence nous chercherons à dégager des traits communs pour arriver aux éléments caractéristiques de « la concession » ; puis nous nous efforcerons d'établir des règles générales qui, à défaut de stipulations précises, régiront les contrats. Quant aux clauses accessoires des concessions l'étude n'en rentrera pas dans le cadre que nous nous sommes proposé ; par exemple, malgré l'importance de la matière, nous ne parlerons pas des conventions financières, telles que celles portant sur la garantie d'intérêt ; nous passerons même sous silence certaines dispositions légales, quand elle ne tiendront pas à la nature de notre contrat : il en sera ainsi des prescriptions édictées par la loi du 15 juillet 1845 sur les sociétés par actions concessionnaires de chemins de fer, ou des conditions de rachat des canaux ou des ponts telles qu'elles sont réglées par les lois des 29 mai 1845 et du 30 juillet 1880.

En un mot nous resterons dans les limites indiquées par le titre que nous avons adopté. Nous n'avons pas voulu faire une œuvre de praticien, mais un simple essai doctrinal ; aussi chercherait-on vainement dans cette étude des renseignements d'une utilité immédiate.

Cependant n'exagérons rien : en droit il n'est pas de question isolée. tout se tient et s'enchaîne ; et pour arriver à une saine appréciation des espèces particulières, il faut les ramener presque toujours à des généralités : en cela la théorie n'est pas si éloignée qu'on le croit de la pratique : elle contient en germe la solution des problèmes dont celle-ci lui fournit les données.

Nous nous sommes donc attaché à l'analyse de la concession et de ses effets juridiques. Nous avons abouti à cette conclusion qu'elle formait bien un contrat *sui generis* n'ayant d'analogue ni en droit civil ni en droit administratif ; et nous avons lutté chemin faisant, contre la tendance qu'ont les interprètes de faire rentrer par assimilation un contrat d'un caractère tout spécial, dans des formes déjà connues et définies. La concession de travaux publics est bien un contrat unique en son genre ; à ce titre encore, et indépendamment de son importance économique, elle méritait d'être étudiée à part et d'une manière générale et approfondie.

Notre étude se divisera en neuf chapitres :

Dans le premier, nous jetterons un rapide coup d'œil sur l'historique de la concession : il n'en sera donné qu'un aperçu très sommaire, destiné seulement à encadrer notre travail.

Dans le deuxième chapitre nous examinerons la place occupée par la concession parmi les divers modes d'exécution des travaux publics, son utilité, son rôle économique.

Le troisième sera consacré à l'étude du contrat en lui-même, et de ses caractères généraux.

Dans le quatrième chapitre on recherchera quel criterium exact permet de distinguer la concession de l'entreprise.

Nous examinerons, dans le cinquième, de quelle manière se forme le contrat, qui peut concéder et quelles règles sont imposées au concessionnaire.

Le sixième chapitre sera relatif aux obligations du concessionnaire ; le septième à ses droits tant à l'égard du concédant que des tiers, et à ses droits sur les dépendances du domaine public.

Dans le huitième chapitre nous étudierons les manières dont finit le contrat.

Enfin un neuvième et dernier chapitre sera consacré aux règles de compétence à propos des difficultés pouvant naître de la concession.

CHAPITRE PREMIER

Aperçu historique.

1. — Sans remonter aussi loin que les marchés de travaux publics, la concession a une origine très ancienne. En Grèce, les villes confient déjà certains travaux à l'initiative privée, la rémunération de l'entrepreneur consistant dans un droit à percevoir sur le public ; on procède ainsi pour la construction des ports, qui est faite par des particuliers auxquels l'Etat abandonne un droit de port. Ce droit fut introduit à Rome sous le nom de *portorium*. D'ailleurs les Romains avaient également établi de nombreux péages sur les transports, destinés à couvrir les frais de construction et d'entretien des ouvrages ; ils duraient généralement jusqu'à l'amortissement des dépenses ; c'étaient donc des concessions temporaires, et il est à présumer qu'elles étaient accordées de gré à gré.

2. — Les traditions romaines introduites en Gaule, se développèrent dans notre pays en raison du peu de ressources dont disposaient les différentes autorités. Il n'y avait guère de budget général pourvoyant aux dépenses d'intérêt commun et les frais des opérations d'utilité publique étaient supportés par ceux qui y étaient directement intéressés : les péages étaient donc le mode normal d'imposition : par là s'explique qu'on en ait si fréquemment institué pour subvenir à l'exécution des travaux publics.

3. — Cependant il faut compter avec l'enchevêtrement des droits qui a été le produit de la féodalité. En réalité, de temporaires les concessions devenaient perpétuelles : en effet pendant la période féodale les seigneurs changèrent la nature des péages et en firent de véritables impôts à leur profit. Le droit aux péages devint par lui-même une véritable propriété « conformément au génie féodal qui consistait à transformer en droit tout fait d'une certaine durée, puis tout droit en propriété, et toute propriété en fief. »

4. — Lorsque vers le XVe siècle le pouvoir royal se fut affirmé, on commença par affecter les péages à leur destination primitive et à donner aux concessions de travaux publics leur véritable caractère. C'est ainsi que furent accordées des lettres patentes qui concédaient à des particuliers le droit de faire certains travaux, en leur permettant de se couvrir de leurs frais par la perception de redevances.

Cependant à partir de Louis XI, de grandes associations de capitaux commencèrent à se former : le but était d'améliorer le cours des rivières pour faciliter la navigation. Ces entreprises étaient l'œuvre de compagnies de marchands qui achetaient les droits de péage perçus jusqu'alors par des seigneurs riverains, les percevaient à leur tour, et en réglaient l'emploi dans un but d'utilité commune (Ord. de Blois de 1449).

L'Etat se réserve un droit de surveillance ; bien plus une déclaration de 1535, renforcée par l'ordonnance de Blois de 1579 déclare que les péages sont des droits royaux dont les vassaux n'ont l'exercice que par délégation, mais qui ne font pas partie des fiefs ; et les seigneurs qui perçoivent des péages sont assimilés à des entrepreneurs de travaux publics. Sully en 1609 fit, en vertu d'un arrêt du conseil, saisir les redevances perçues par les religieux de l'abbaye de Saint-Denis, parce que les travaux dont ils étaient chargés étaient mal entretenus. Par là s'affirme le lien qui unit le concédant au concessionnaire : il n'y a plus de seigneurs tout puissants exigeant du public le paiement de péages pour des services le plus souvent imposés et en vertu de droits patrimoniaux : l'intérêt public domine et l'autorité supérieure se charge de le sauvegarder.

5. — Avec Colbert, l'accomplissement de grands travaux donne aux concessions un grand dévelop-

pement. Désirant augmenter les voies de communication, notamment creuser de nouveaux canaux, il fait appel à l'activité des particuliers. Mais comme il s'agissait de travaux d'une importance considérable, le droit de percevoir des péages devenait pour les concessionnaires un véritable droit de propriété, les capitaux privés n'osant se risquer dans d'aussi grandes entreprises, qu'à la condition de s'en voir assurer l'exploitation perpétuelle. Déjà Mazarin avait dû donner à concession perpétuelle le canal de Briare (septembre 1838). De même Colbert dut concéder à perpétuité le canal de Beaucaire à Aigues-Mortes, et il accorda au duc d'Orléans la concession du canal d'Orléans à Brienne (mars 1679) : le duc se chargeait de l'exécution du canal moyennant une concession perpétuelle, mais les tarifs étaient réglés par le roi. Quant au canal de Languedoc, la question de la concession fut longuement agitée. Après examen de différents systèmes on décida de confier l'exécution du projet à une compagnie de propriétaires. (Édit. d'octobre 1866).

Toutes ces concessions faites à de grands seigneurs tels que le duc d'Orléans, ou le duc de Noailles, chargé en 1702 du dessèchement des terrains du Languedoc, ne pouvaient pas se faire par adjudication publique ; leur situation les mettant à même d'obtenir des traités de gré à gré. Aussi est-ce dans cette forme que sont accordées toutes les concessions à cette époque.

Entre temps des précautions étaient prises par le pouvoir central pour s'assurer de la légalité des péages perçus sur le public : la déclaration du 31 janvier 1663 et l'ordonnance des eaux et forêts fixèrent les droits à percevoir et les modes de perception, et ceux qui prétendaient avoir droit à des redevances durent produire leurs titres.

6. — L'autorité centrale jouit dès lors de la toute-puissance. Les péages ne s'établissent plus d'une façon irrégulière : leur existence ne résulte plus de faits transformés en droits par les usurpations seigneuriales. Il y a toujours un acte de la puissance publique réglant les conditions auxquelles ils pourront être perçus. Les concessions sont encore le plus souvent perpétuelles, et les ouvrages sont concédés en toute propriété. Mais cela tient à ce que l'idée de domanialité publique ne s'est pas encore nettement affirmée.

7. — Au XIXe siècle se dégage le principe qui domine aujourd'hui la matière. Nous n'avons pas à insister sur l'extension prodigieuse qu'à prise la concession au cours de ce siècle. La cause n'est plus le manque de ressources, ou l'absence d'autorité du pouvoir central; on choisit le système de la concession de préférence aux autres modes d'exécution, en

raison des avantages considérables qu'il présente tant pour l'Etat que pour les particuliers : les travaux ne sont plus exécutés par de grands propriétaires qui veulent donner une plus-value à leurs terres, sauf à se rémunérer de leurs déboursés par des péages : l'Etat consent librement des concessions à des spéculateurs qui font leurs offres de tous les points du territoire. C'est ainsi que s'est formé sous la restauration un immense réseau de canaux. C'est ainsi surtout que s'est développée à la même époque l'industrie des chemins de fer.

8. — Concurremment avec la suprématie de l'autorité centrale, le principe de domanialité publique s'établit plus nettement. Dès l'an V, le conseil des cinq-cents vote une résolution, aux termes de laquelle : « les grands canaux de navigation à l'usage public font essentiellement partie du domaine public. » La loi de 1845, dans son art. 1er, classe les chemins de fer dans la grande voirie, et le rapport accompagnant l'ordonnance de 1846 proclame la domanialité publique des chemins de fer. La conséquence de ce principe est qu'aujourd'hui on ne pratique plus le système des concessions perpétuelles.

9. — Quant aux formes dans lesquelles furent consenties les concessions, elles ont varié au cours de ce siècle. En 1823 la première concession de chemins de fer fut faite de gré à gré, et cette forme préva-

lut quelque temps : c'est ainsi que furent concédées les premières lignes. Mais dans la suite le système de l'adjudication publique domina, à peu près de 1840 à 1850. Puis la forme de gré à gré revint en faveur avec l'avènement du régime impérial. Cependant c'est encore l'adjudication qui prévalut à partir de 1861 (avis C. Et. 26 août 1861). Nous verrons qu'aujourd'hui on en est revenu à la concession de gré à gré.

10. — Concluons après ce rapide exposé, et dégageons les principes actuellement suivis. Ils peuvent se ramener aux trois suivants :

1° Le régime de la concession est préféré en France à celui de l'exécution des travaux par l'administration.

2° Les concessions ne sont plus faites à perpétuité.

3° Elles sont généralement accordées dans la forme de gré à gré.

Ces principes dominent la matière de l'exécution des travaux publics. Nous aurons souvent l'occasion d'y revenir.

CHAPITRE II

Place occupée par la concession parmi les divers modes d'exécution des travaux publics : son role et son utilité.

11. — Pour l'exécution des travaux publics, l'Etat a le choix entre deux procédés opposés : Recourra-t-il à ses propres moyens en confiant à ses agents la confection des ouvrages ou bien fera-t-il appel à l'industrie privée ? Selon la nature des travaux à entreprendre, il y aura pour lui intérêt à être le maître de diriger les opérations, ou au contraire à laisser une liberté plus grande à l'activité des particuliers ; de là plusieurs modes d'exécution des travaux publics, suivant que l'Etat les exécutera par lui-même, ou qu'un particulier les exécutera sous sa direction, ou enfin que l'Etat ne se réservera que des attributions de contrôle : les travaux de l'Etat, des départements ou des communes peuvent être exécutés : 1° par voie de régie simple ; 2° en régie intéressée ; 3° par voie de marchés (sur série de prix ou à l'unité de mesure); 4° par voie de marchés à forfait; 5° par voie de concessions.

12. — 1° Dans le système de la *régie simple,* les ouvrages sont construits sous la direction d'un agent de l'Etat, par exemple un conducteur des ponts et chaussées.

13. — 2° Quand les travaux sont exécutés en *régie intéressée,* le régisseur n'est plus un agent de l'administration, mais un tiers rémunéré de ses services et des avances de fonds qu'il a été tenu de faire, par une indemnité proportionnée aux dépenses.

14. — 3° Les *marchés sur série de prix et les marchés à l'unité de mesure* présentent ce trait commun qu'un particulier s'engage à faire les ouvrages moyennant un prix qui sera proportionné au travail fourni, et d'après des bases fixées à l'avance.

Ces deux coutrats diffèrent par le mode de détermination du prix à payer : dans le marché sur série de prix, le prix de chaque nature d'ouvrage est seul fixé : ce n'est qu'après l'achèvement des ouvrages et après leur mètre que le prix total peut être connu.

Dans le marché à l'unité de mesure, on fixe aussi le prix de chaque nature d'ouvrage, mais on convient en même temps de la quantité de travaux à exécuter, sauf la faculté pour l'administration de l'augmenter dans des limites déterminées.

15. — 4° Dans les *marchés a forfait* tout est fixé à

l'avance : travail et rémunération. L'entrepreneur doit donc ici avoir plus de liberté que dans les cas précédents. Il travaille à ses risques et périls ; et pourvu qu'il livre son ouvrage en bon état, dans les délais convenus, l'administration ne peut exercer sur lui qu'un contrôle très éloigné.

D'ailleurs ce mode d'exécution n'est guère employé que pour des travaux de minime importance : pour des travaux considérables l'Administration ne saurait abdiquer ses droits en se liant par une estimation faite à l'avance et peut-être erronée. Cette abdication, elle ne peut se la permettre que par l'octroi de concessions, en raison des grands avantages que présentent ces contrats, et pour les finances de l'Etat et pour la bonne organisation des services publics.

16. — 5° *Concession.* — Nous ne donnerons ici de la concession de travaux publics qu'une idée très générale, dans le seul but de marquer sa place et son rôle parmi les autres modes d'exécution de travaux publics et en réservant pour des chapitres ultérieurs la détermination de ses caractères et de ses effets.

L'entrepreneur ordinaire de travaux publics est lié à l'administration par un contrat de louage d'ouvrage : il exécute son travail, il reçoit son prix et son rôle est terminé. Celui du concessionnaire est plus important et beaucoup plus complexe. L'Etat ne se contente pas de conclure avec lui un forfait pour l'exécution des travaux, il lui délègue ses droits de puissance publique, il le substitue en ses lieu et place. Et comme les concessions de travaux publics n'ont trait qu'à des ouvrages qui pour être affectés à l'usage public doivent être exploités par un intermédiaire qui assure cet usage, le concessionnaire après avoir construit devient exploitant. C'est sur les bénéfices résultant de l'exploitation qu'il trouvera la rémunération de ses débours és et de son industrie. L'Etat, ou du moins l'autorité concédante, lui abandonne le travail, qu'il exécute à ses risques et périls et qu'il exploite ensuite avec toutes les chances de gains ou de perte que comportent les entreprises particulières — sauf à corriger par des conventions financières ce qu'une application absolue de ce principe pourrait avoir de trop aléatoire.

Il y aura donc dans la concession de travaux publics à distinguer deux périodes : la période de construction, pendant laquelle le concessionnaire est un entrepreneur doté de prérogatives particulières en raison de sa substitution dans les droits de l'État ; et la période d'exploitation, pendant laquelle il est un entrepreneur de service public jouissant de certains privilèges.

Nous reviendrons, en cherchant à déterminer le

criterium exact de la concession, sur cette division en deux périodes, qui, loin d'être indépendantes, se tiennent étroitement, et dont l'ensemble constitue l'élément essentiel du contrat.

17. — Les avantages de la concession ressort de son rôle, tel qu'il vient d'être présenté. Elle substitue l'action individuelle à l'action de l'Etat, et cette substitution ne peut avoir que d'heureuses conséquences, l'initiative privée étant plus féconde en résultats que celle de l'administration.

Cette vérité économique trouve son application tant en ce qui touche l'exploitation qu'en ce qui touche la construction. L'Etat est mauvais commerçant, parce qu'il n'est pas incité, au même degré que les particuliers, par le désir de faire prospérer l'entreprise : il assure les services dans des conditions convenables, mais sans s'inquiéter, avec autant d'empressement que les compagnies privées, de la réalisation des progrès chaque jour accomplis par la science et mis à la portée de l'industrie. Le public qui fait usage des travaux exécutés a donc intérêt à les voir confier à des concessionnaires.

De son côté l'Etat concédant évite de fournir une première mise de fonds considérable, à laquelle il ne pourrait suffire qu'au moyen d'emprunts venant grossir le chiffre de la dette publique. Il se décharge sur un particulier des risques de l'entreprise en laissant celui qui a fait le travail se rénumérer sur le produit de son industrie.

Ajoutons enfin qu'à un autre point de vue, la concession de travaux publics touche aux intérêts du pays. Non seulement elle donne du ressort à l'industrie, mais encore elle provoque la fondation de puissantes sociétés anonymes qui font appel par leurs émissions à l'épargne nationale : elles constituent dès lors pour cette épargne un débouché des plus précieux, et sont un stimulant des plus énergiques pour un emploi utile et productif des capitaux.

Tous ces avantages économiques de la concession, nous n'avons ici qu'à les esquisser. Cet aperçu peut cependant être suffisant pour comprendre le rôle qu'elle a joué dans le développement de la richesse publique. Nous aurons à en tirer des conséquences au point de vue juridique.

CHAPITRE III.

Le contrat de concession étudié en lui-même : ses caractères généraux.

a) *Filiation juridique de la concession de travaux par rapport aux autres concessions.*

18. — Le mot concession est employé pour désigner des choses bien différentes. Concession, l'acte qui aux termes de la loi du 16 septembre 1807, consent la vente amiable de biens faisant partie du domaine de l'Etat, tels que les lais et relais de la mer ; — Concession encore l'acte qui accorde à un particulier le droit de faire des prises d'eau dans les cours d'eau navigables et flottables, ou qui d'une façon générale, autorise une personne à tirer du domaine public inaliénable une certaine utilité. Dans bien d'autres cas encore le langage juridique se sert du mot concession : il en est ainsi pour les concessions de mines, pour les concessions faites dans les cimetières, etc. Il en est ainsi enfin pour les concessions de travaux publics.

Cependant la langue a sa logique et quand un même terme désigne des objets différents il n'est pas rare de découvrir entre ces objets un caractère commun. En ce qui concerne ces diverses concessions, le trait commun, c'est que l'Etat abandonne à un particulier un bien ou un droit dont il avait la libre disposition.

19. — A l'égard des droits du concessionnaire de travaux publics sur les dépendances du domaine public, la concession de travaux se rapproche des concessions faites à titre précaire sur le domaine inaliénable. Pendant la période d'exploitation, le concessionnaire n'est autre chose qu'un concessionnaire de service public, usant pour assurer ce service, du domaine public, en vertu de l'autorisation que la concession de travaux implique. La différence entre la concession faite à titre précaire et la concession de travaux publics, c'est que, lorsqu'elle concède l'exécution de certains travaux, l'autorité concédante s'engage à laisser le concessionnaire user des dépendances du domaine pendant un certain temps ; il intervient entre eux une convention en vertu de laquelle le droit de révoquer arbitrairement la concession est supprimé ou remplacé par le droit de la racheter dans les conditions fixées à l'acte (Hauriou n° 398). Mais l'engagement du concédant crée un simple rapport personnel entre le concessionnaire et l'administration, et ne fait pas disparaître la précarité de la possession. Nous aurons à tirer de cette observation des conséquences pour caractériser les droits du concessionnaire sur la partie du domaine public dont il assure l'exploitation, pour déterminer leur nature et leurs effets.

Il intervient un contrat entre le concessionnaire et le concédant.

C'est bien d'un contrat qu'il s'agit : si le concédant procède en tant que puissance publique pour investir le concessionnaire de ses droits, du moins le fond de l'opération est la partie contractuelle, dont il convient d'étudier les caractères.

b) *Caractères du contrat de concession.*

20. — L'art. 1710 du Code civil définit le contrat de louage d'ouvrage un contrat par lequel « l'une des parties s'engage à faire quelque chose pour l'autre moyennant un prix convenu entre elles ».

Cette définition s'applique au marché de travaux publics, par lequel l'entrepreneur s'engage à exécuter un travail pour le compte de l'administration moyennant une somme en argent qui lui sera payée une fois pour toutes.

La concession de travaux publics présente avec l'entreprise cette analogie que l'Etat ne voulant pas exécuter par lui-même certains ouvrages en confie l'exécution à un particulier après s'être assuré que celui-ci présente toutes les garanties nécessaires ; mais la concession ne peut pas comme l'entreprise se ramener à un simple louage d'ouvrage : les rapports qui en naissent sont d'une bien plus grande complexité ; il n'y a plus un travail à exécuter pour un « maître » qui l'a commandé : le concessionnaire exécute les travaux pour lui-même autant que pour le concédant, puisque c'est lui qui, au moins temporairement, en assurera l'exploitation ; et parfois même la construction n'aura servi qu'à sa propre exploitation, si le concédant s'est réservé le droit de demander la remise en état des dépendances du domaine public à l'expiration de la concession.

Ainsi dans le marché de travaux publics il y avait deux éléments : un prix à payer à l'entrepreneur ; un ouvrage à livrer à l'administration : en matière de concession, le premier de ces éléments n'existera pas, et le second pourra faire défaut.

Il faut en conclure que la concession est un contrat *sui generis*, qu'il sera par conséquent soumis à des règles spéciales toutes les fois que celles des contrats analogues seront des conséquences des caractères particuliers de ces contrats. Au contraire on aura le droit de procéder par analogie, et d'appliquer à la concession la loi des marchés de travaux publics, dans les cas où cette loi sera générale à tous les modes d'exécution des travaux publics et ne tiendra pas aux traits distinctifs de ces marchés.

21. — Il n'est pas besoin d'insister sur le caractère synallagmatique de la concession de travaux publics. Il ressort de ce qui a été dit précédemment : le concessionnaire s'engage à exécuter les ouvrages, et les administrations s'engage à le laisser exploiter. Il y a le plus souvent des clauses accessoires, dont nous n'avons pas à parler.

22. — Le contrat est-il commutatif ou aléatoire ? Nous avouons ne pas comprendre comment la question a pu être soulevée. Ce qui a fait douter que la concession fût un contrat commutatif, c'est que le concessionnaire est soumis à toutes les chances de gain ou de perte, en raison soit des dépenses qu'il assume, soit des recettes qu'il risque ne pas percevoir.

Répondons d'abord qu'en théorie cette thèse n'est pas soutenable : ce qui fait qu'un contrat est aléatoire et non commutatif, c'est que l'aléa porte sur *la naissance même du droit que l'on espère acquérir* en échange de l'obligation qu'on prend à sa charge ; mais ici l'aléa porte sur un résultat : la contre-partie de l'obligation du concessionnaire existe dès l'abord : c'est l'engagement que prend le concédant de laisser la concessionnaire se livrer à son exploitation. Cela suffit : il y a contrat commutatif. Sinon, il faudrait appeler aléatoires toutes les conventions affectées d'une clause forfaitaire, et même toutes celles dont les résultats ne seraient pas exactement prévus à l'avance.

En second lieu, par le jeu des conventions accessoires, rien n'est moins incertain en fait que le bénéfice du concessionnaire : pour s'en convaincre, il n'y a qu'à se reporter à la clause de garantie d'intérêts qui lui assure un minimum de bénéfices. Nous soutiendrons même que, sans que le contrat cesse d'être une concession, celui qui exécute les travaux pourra recevoir de l'administration une annuité fixe, au lieu de percevoir des redevances sur les particuliers ; dans ce cas, il n'y aurait même plus d'aléa sur la quotité du bénéfice espéré.

Ces considérations théoriques ou pratiques nous dispensent d'insister sur une opinion déjà ancienne qui n'a guère été soutenue par les auteurs modernes.

23. — La concession doit-elle être nécessairement consentie à titre temporaire ? Mettons tout de suite hors du débat les très anciennes concessions faites à perpétuité. Mais notre droit moderne s'accomoderait-il de semblables concessions ? La Cour de cassation avait à trancher le point de savoir si la perception de certaines taxes accordées à la ville de Rouen avait été autorisée en vertu d'une concession de travaux publics, ou si ces taxes étaient de celles qui, aux termes de la loi de frimaire an VII, entrent dans la composition des recettes municipales sous le nom de location de place dans les halles et marchés, etc... La Cour suprême a décidé qu'il n'y a pas concession de travaux publics, en invoquant entre autres arguments que « la perpétuité de la perception est incompatible avec les règles du droit public en vigueur depuis 1789, d'après lesquelles les durées des concessions ne dépassent pas 99 ans » (cass. civ. 7 décembre 1887, S. 90. 1. 345).

La règle présentée dans ces termes est trop absolue ; il est vrai qu'à première vue la perpétuité de la concession semble aller à l'encontre du principe d'indisponibilité du domaine public. Cependant, sans faire échec à ce principe, une concession perpétuelle reste concevable ; le domaine public suit sa destination qui est d'être affecté à l'usage du public : ici, en raison de la nature des choses, « usage public » se confond avec « service public » ; peu importe de quelle façon l'Etat assure ce service ; peut-être n'a-t-il pu le faire qu'en accordant un droit perpétuel d'exploitation; mais le droit de l'Etat sur le domaine public n'est pas aliéné : nous établirons ultérieurement que la perpétuité du droit du concessionnaire n'implique en sa faveur aucun droit de propriété sur les ouvrages concédés. Ce qui en ressort dès maintenant, c'est qu'aucune règle n'interdit l'octroi d'une concession perpétuelle.

24. — Cette observation faite, il ne faut pas en exagérer la portée ; car elle est toute de principe : on doit reconnaître que les idées actuelles s'opposent à ce que l'État abdique entièrement la direction des grands services aux mains des particuliers ; aussi les faits sont-ils là pour prouver que la concession perpétuelle n'est plus pratiquée aujourd'hui. C'est pourquoi, après avoir combattu la doctrine de la Cour de cassation, proposée comme principe absolu, nous ne sommes pas éloigné de lui faire sa place parmi les règles qui régissent la matière, mais parmi les règles de présomption de volonté : puisque, en fait, les concessions ne sont plus guère consenties que pour un temps déterminé, quand il s'agira d'une taxe perpétuelle dont la perception aura été accordée sous la condition d'effectuer certains travaux, on pourra invoquer les idées modernes pour juger qu'il n'y a pas concession de travaux publics : on ne posera pas une règle générale, comme le faisait la Cour suprême ; mais on tirera argument de la perpétuité de la taxe, pour décider que les autorités doivent être présumées s'être conformées à ces idées modernes, et que, dès lors qu'elles ont donné à la taxe le caractère de perpétuité, elles n'ont pas dû vouloir accorder une concession.

En résumé, la règle de non perpétuité des concessions de travaux publics ne pourra pas être invoquée comme règle générale et absolue, mais pourra l'être comme élément de présomption de volonté.

25. — Nous avons dit que la concession n'était accordée qu'à des particuliers offrant toutes les garanties désirables au point de vue de la capacité et de la solvabilité. Ces garanties sont nécessaires peut-être plus encore en matière de concession qu'en matière de marchés de travaux publics, en raison même de l'importance du rôle joué par le concessionnaire. Le contrat de concession est donc de ceux qui sont faits *intuitu personæ*.

26. — Il faut en conclure que le concessionnaire n'a pas le droit de substituer un tiers dans les droits et obligations résultant de la concession. Le concédant a traité avec lui et non avec un autre : il ne peut donc, sans son agrément, céder le droit qu'il tient de son contrat. C'est la règle en matière de marchés de travaux publics ; il faut l'admettre *a fortiori* en ce qui touche la concession. Elle a été maintes fois consacrée par la jurisprudence (Cass., 14 février 1859, D. 59, 1, 113. Cass. civ. 5 décembre 1882, D. 83, 1, 17 ; 11 février 1884, D. 85, 1, 99. C. Et. 13 juillet 1883, Richard-Grison, p. 662).

En général les cahiers de charges ne la mentionnent pas; mais c'est parce qu'une clause interdisant la cession de la concession semblerait superflue. Cela résulte d'un avis du Conseil d'Etat du 17 février 1876 qui supprimait une telle stipulation dans un projet de concession particulière, en invoquant que cette disposition serait de nature à mettre en doute le droit qui ressortait pour le gouvernement *de l'essence* même du contrat de concession. Il y a donc lieu de voir dans l'art. 10 de la loi de 1880 sur les Chemins de fer d'intérêt local, qui soumet la cession des concessions à l'approbation de l'autorité supérieure, l'application du droit commun en matière de concession.

27. — Quelle serait la sanction de la règle? En premier lieu la cession qui serait faite sans approbation serait nulle radicalement comme contraire à l'ordre public. La nullité pourrait être invoquée pour les parties contractantes ou par un tiers intéressé ; et elle pourrait même, en dehors de toute réclamation, être prononcée d'office par le juge (Paris, 19 juin 1885, D. 86, 2, 18).

28. — Mais la cession non autorisée de la concession est-elle de nature à faire prononcer la déchéance? La loi de 1880 tranche la question en ce qui touche les chemins de fer d'intérêt local : « En cas de cession, dit l'art. 10 *in fine*, l'inobservation des conditions qui précèdent entraîne la nullité et peut donner lieu à la déchéance ».

Que décider de droit commun ? On est tenté de généraliser et de conclure que, la déchéance étant une sanction des obligations portées au contrat, et le concessionnaire ayant cédé sa concession contrairement à la loi de ce contrat, il doit être atteint par la déchéance. Nous hésitons cependant à admettre la déchéance par le fait seul qu'il y a eu cession de la concession : car, pour sauvegarder son droit, le concédant n'aura qu'à invoquer la nullité de la cession et à mettre le concessionnaire en demeure d'exécuter lui-même : au cas seulement où celui-ci s'y refuserait, la déchéance serait encourue. En somme, nous ne voyons pas dans la déchéance une peine que l'on prononcerait contre lui à raison d'un acte contraire à ses devoirs, mais seulement un moyen de résilier le contrat quand il n'exécute pas dans les conditions prescrites. Au reste c'est dans ce sens, croyons-nous qu'il faut interpréter l'art. 10 de la loi de 1880 : il prononce la nullité de la cession, et il ajoute seulement que l'inobservation des conditions *pourra* donner lieu à la déchéance. Elle donnera lieu à cette déchéance, précisément au cas où la nullité de la cession étant prononcée, le concessionnaire refuserait de se conformer à son contrat en exécutant lui-même les travaux.

CHAPITRE IV.

CRITERIUM DISTINGUANT LA CONCESSION DE TRAVAUX PUBLICS DE L'ENTREPRISE.

29. — La première pensée qui vient à l'esprit quand on recherche la caractéristique du contrat de concession, c'est qu'en vertu de ce contrat, la personne qui exécute le travail, au lieu de trouver sa rémunération dans un prix payé une fois pour toutes par l'administration comme dans l'entreprise, se rémunère au moyen de péages perçus sur les particuliers. C'est à ce critérium que s'attachent presque tous les auteurs. « La concession de travaux publics, dit M. Aucoc, est un contrat par lequel l'administration attribue aux personnes qui s'engagent à exécuter un travail le droit de percevoir, pour la rémunération de leur industrie et de leurs dépenses, une rétribution de ceux qui profiteront du travail ».

Cette opinion, les auteurs la formulent tout naturellement, guidés sans doute par la considération des clauses ordinaires des concessions. Il est en effet exact que le plus souvent les contrats de concession accordent à l'entrepreneur qui a exécuté le travail le droit de percevoir sur le public des droits de péages, dont l'ensemble représente l'amortissemeut du capital engagé et le bénéfice auquel il a droit. Mais de ce que la redevance à percevoir sur le public est le mode ordinaire de rémunération dans le contrat de concession, doit-on conclure qu'il en est un des éléments essentiels?

30. — En disant que la presque unanimité des auteurs se prononce en ce sens nous ne ferons qu'une constatation matérielle : mais en réalité ils ne se sont pas posé la question d'une manière précise et on peut avancer qu'ils la préjugent plutôt qu'ils ne la jugent : ils ne cherchent pas tant à établir une définition exacte et théorique de la concession qu'à donner de ce contrat une idée générale, et ils procèdent alors par énumération plutôt que par délimitation : la conséquence, c'est qu'on a cherché devant les tribunaux à tirer de la définition telle qu'ils la donnent des effets considérables, et on a invoqué leur autorité pour arriver à des solutions qui peut-être n'ont jamais été dans leurs esprits.

31. — L'examen d'une espèce montrera que l'intérêt de cette discussion n'est pas seulement théorique. Un sieur P. s'était engagé à faire dans la ville de Bourges les travaux nécessaires à l'adduction de l'eau pour la consommation de la ville et des particuliers ; il devait assurer quotidiennement la fourniture d'une certaine quantité d'eau dont la ville se chargeait de faire la répartition entre les habitants. Comme rémunération on lui accordait, non pas un péage à percevoir sur les consommateurs, mais une annuité payée par la municipalité. La ville de Bourges voulut résilier le contrat. Pas de péages, donc pas de concession, prétendait-elle ; il y a seulement marché de travaux publics et marché de fourniture, or le marché de fourniture est résiliable au gré de l'administration.— Concession, répondait l'entrepreneur ; la ville est liée envers moi par un contrat qu'elle ne peut résilier comme un simple marché de fournitures.

Le conseil de préfecture donna gain de cause à la municipalité (*Jur. des cons. de préfecture*, 1876, p. 299) en s'appuyant sur le fait que le sieur P., ne percevant pas de péages sur les particuliers, ne pouvait être qualifié de « concessionnaire » au sens juridique du mot. Et on lit, dans une consultation de M. Barry, avocat au Conseil d'Etat que, pour qu'il y ait concession, « il faut essentiellement que la rémunération vienne, non d'une somme donnée par l'administration, mais de la perception d'une rétribution imposée pendant un temps plus ou moins long aux particuliers qui profitent du travail (V. cette consultation en note sous l'arrêté).

32. — Le Conseil d'Etat a réformé la décision du conseil de préfecture, et avec raison. Nous ne voyons, dans le droit pour un entrepreneur de percevoir des redevances sur le public, qu'un simple procédé de paiement. Comment un procédé de paiement pourrait-il toucher au fond du droit, au point d'influer sur la nature du contrat ? Que l'entrepreneur soit payé directement par l'administration, ou qu'il tire son bénéfice des péages que celle-ci lui abandonne, l'administration doit-elle, de ce fait, être plus ou moins engagée envers lui ? Quel rapport logique voit-on entre un mode de rémunération et le lien de droit qui unit deux parties ?

Au point de vue économique le but que poursuivait l'administration dans notre espèce était bien celui qui vise l'octroi de toutes les concessions : un travail important devant être exécuté, la ville hésite à l'entreprendre de peur de grever son budget : elle en concède l'exécution à un particulier qui fera tous les frais de la constrution et de l'exploitation, et lors de la mise en exploitation elle paiera sous forme d'annuités à l'exécutant le produit des redevances qu'elle-même percevra sur les consommateurs. Au lieu de recevoir directement sa rémunération de ceux à qui son œuvre profite, l'entrepreneur la reçoit indirectement de l'administration, qui, elle, a évité, grâce à lui, les frais de première installation.

Il y a là une sorte de forfait : la ville n'a pas voulu faire les déboursés que nécessitait l'exécution du travail ; mais de son côté l'entrepreneur a prétendu être assuré d'un certain bénéfice, et le concédant le lui a garanti par une cause forfaitaire. Pour cela ils avaient le choix entre deux moyens : l'entrepreneur pouvait dire : je percevrai directement les redevances sur les habitants ; mais la ville me garantira un minimum de bénéfice ; ce que je percevrai en moins, elle devra le parfaire. Ce système est celui de la garantie d'intérêts. Au lieu de procéder ainsi, il a préféré fixer *a priori* ce qui lui serait payé par l'administration : il exploitera ses ouvrages comme un concessionnaire, et la ville, au lieu d'avoir à compléter un minimum de bénéfices, comme dans le système de la garantie d'intérêts, devra lui payer à forfait une somme représentative du bénéfice espéré, sauf à percevoir elle-même et à son profit les péages afférents aux travaux exécutés : il n'y a guère là qu'une différence de procédé, et on ne voit pas pourquoi dans un cas il y aurait concession, alors que dans l'autre il y aurait un simple marché de travaux publics.

33. — La vérité c'est que les auteurs, sur lesquels on a appuyé un peu à la légère la théorie que nous combattons, ont été influencés par le *quod plerumque fit*. Il est naturel en effet que la plupart des contrats de concession donnent naissance au droit de percevoir des redevances sur le public. Par son rôle économique, la concession ne se conçoit que pour les travaux susceptibles d'une exploitation productive de bénéfices, et l'Etat ou les villes, ne voulant pas engager des capitaux dans une entreprise, sont amenés volontiers à abandonner les produits de cette exploitation à ceux qui exécutent les travaux à leurs risques et périls. Mais c'est là une simple constatation économique : elle ne suffit pas pour fonder une règle juridique absolue, pour avancer que le droit de percevoir une redevance sur le public est la caractéristique du contrat de concession.

34. — Nous croyons que, pour préciser la formule de la concession, il faut faire appel à une autre idée, à l'idée de l'exploitation liée à la construction. C'est à ce *criterium* que semble se rallier le Conseil d'Etat dans l'arrêt du 8 février 1878. La concession est un contrat par lequel on convient : 1° que le particulier exécutera le travail ; 2° qu'il sera chargé de l'exploitation pendant un temps déterminé, ces deux clauses étant indissolublement liées, de sorte qu'il n'y ait qu'un contrat unique dont les deux clauses s'expliquent l'une par l'autre.

Ce lien entre la construction et l'exploitation, le

conseil de préfecture de Bourges l'avait méconnu : dans l'engagement de l'entrepreneur de faire les travaux et de procurer quotidiennement un certain volume d'eau, il avait vu deux choses : un marché de travaux publics et un marché de fournitures résiliable au gré de l'administration. Bien au contraire il y avait promesse d'exploitation parce qu'il y avait promesse de construction, et on ne s'engageait à construire qu'en vue d'exploiter. L'exploitant ne deviendra pas un simple entrepreneur par le fait qu'il percevra de l'administration une annuité : il aura la direction de l'exploitation dans la limite comportée par tout contrat de concession, et, si ses bénéfices ne varient pas avec les recettes provenant des péages, du moins ils augmenteront ou diminueront selon qu'il administrera avec plus ou moins de sagesse et d'économie.

35. — En somme, alors que dans les marchés de travaux publics il n'y a qu'une période, la période de construction, dans les concessions nous en discernons une deuxième, pendant laquelle le concessionnaire joue le rôle d'entrepreneur de service public. Qu'on ne nous objecte pas qu'il a une sorte de concession qui ne comporte pas d'exploitation proprement dite : nous voulons parler de la concession pour le dessèchement des marais. Elle résulte d'une disposition particulière de la loi : il a plu au

législateur de donner à celui qui exécute ces grands travaux les pouvoirs très étendus du concessionnaire : il y a donc là une concession spéciale par le vœu de la loi. D'ailleurs un trait commun unit la concession de marais à la concession de travaux publics, telle que nous l'avons définie : si le concessionnaire du dessèchement n'est plus rémunéré par le produit d'une exploitation, parce que son travail, par la nature des choses ne s'y prête pas, du moins son bénéfice est le résultat direct des travaux qu'il a exécutés : il ne reçoit pas un prix de l'administration, mais perçoit une indemnité de plus-value, sur les terrains auxquels ses travaux ont profité. Ici encore l'administration s'est désintéressée de la question financière : il était donc juste qu'on donnât à l'exécutant les droits les plus étendus, qui sont ceux du concessionnaire de travaux publics.

Donc, construction et exploitation, tels sont les deux termes auxquels nous arrivons pour définir la concession de travaux publics. Il en résulte qu'il n'y a plus là, comme dans le louage d'ouvrage ou le marché de travaux publics, un travail exécuté pour un « maître » auquel on le remettra quand tout sera terminé. Le concessionnaire construit pour lui-même autant que pour l'administration. Cela explique la liberté qu'on lui laisse pour la construction, le concédant n'exerçant qu'un droit de contrôle.

36. — Et même, allant plus loin ne peut-on pas dire que ce qui a été concédé, ce n'est pas tant l'exécution d'un travail d'utilité publique sous la condition de l'exploiter, que l'exploitation d'un service public sous la condition d'exécuter les travaux nécessaires. Cette formule n'a aucune conséquence sur le fond du droit ; mais elle met mieux en lumière la caractéristique du contrat de concession telle que l'a admise le Conseil d'Etat dans l'arrêt de 1878. Alors que le marché de travaux publics suppose une remise faite à l'administration de l'ouvrage exécuté, la concession n'impose au concessionnaire l'obligation de construire qu'en vue seulement de son exploitation propre. Il se peut qu'à l'expiration de sa concession il doive livrer l'ouvrage au concédant; mais cette livraison n'est pas un trait essentiel du contrat. Nous en trouvons une preuve dans un texte législatif : la loi du 11 juin 1880 sur les tramways qui dispose dans son article 35 : « A l'expiration de la concession l'administration peut exiger que les voies ferrées qu'elle avait concédées soient supprimées en tout ou en partie et que les voies publiques et leur déviations lui soient remises en bon état de viabilité aux frais du concessionnaire ».

37. — Nous en avons assez dit pour que la caractéristique du contrat de concession ressorte nettement. Quand un particulier exécutera des travaux d'utilité publique avec autorisation de les exploiter, nous serons en face d'un traité de concession.

Si nous avons insisté sur ce point, c'est qu'il nous a semblé que, les auteurs ne l'ayant pas suffisamment précisé, on avait invoqué leur autorité pour la solution d'une question qu'ils n'avaient pas tranchée. La perception d'une redevance sur le public était l'effet le plus ordinaire de l'exploitation ; ils l'ont mentionnée comme caractérisant la concession, alors que c'est seulement l'exploitation qui en est le trait essentiel. Et on a cherché à leur faire dire beaucoup plus qu'ils n'avaient voulu dire. Nous avons cru nécessaire de remettre les choses au point, et nous n'avons pas craint, pour y arriver, d'entrer dans d'aussi longs développements.

CHAPITRE V.

FORMATION DU CONTRAT DE CONCESSION.

38. — Ce chapitre se divisera en trois sections :

1re Section : Forme du contrat.

2e Section : De l'autorité concédante.

3e Section : Du concessionnaire.

SECTION I. — *Forme du contrat.*

39. — L'administration voulant faire exécuter des travaux d'utilité publique par voie de concession a le choix entre deux procédés différents : elle peut soit traiter de gré à gré avec les particuliers, soit recourir à l'adjudication. Les règles posées par le décret de 1882 en matière de travaux publics ne s'appliquent plus lorsqu'il s'agit de concession. Au terme de ce décret, l'adjudication avec publicité et concurrence devrait être la forme ordinaire des contrats passés avec les entrepreneurs, le marché de gré à gré n'intervenant que dans des cas exceptionnels. Au contraire, en matière de concession la plus grande liberté est laissée à l'administration.

Cette liberté s'explique par la nature des travaux qui font l'objet du contrat et par la multiplicité des rapports juridiques auxquels il donne naissance. L'administration, pour assurer la bonne exécution des travaux publics, doit veiller, d'une part, à ce que ceux qui en sont chargés présentent toutes les garanties nécessaires ; d'autre part, à ce que les travaux soient confiés en toute loyauté à ceux qui réellement offrent les conditions les plus avantageuses. Le système de l'adjudication répond le mieux à ce second point de vue : grâce aux formalités prescrites par la loi, l'opération se fait en quelque sorte mécaniquement et désigne par le simple jeu des offres concurrentes celui des entrepreneurs qui doit l'emporter. Les administrateurs sont en même temps à l'abri du soupçon, ce qui, aux époques de suspicion, constitue un avantage considérable pour la dignité de leurs fonctions.

Mais en raison même de sa rigidité, l'adjudication ne peut convenir qu'à des travaux de nature peu compliquée, pour lesquels la préférence entre les concurrents puisse s'établir sur un simple rabais : toutes les conditions d'exécution étant à l'avance fixées d'une manière ferme, le débat ne portera plus que sur le prix, et les travaux seront adjugés à celui qui se contentera de la moins forte rémunération. On comprend donc que, pour l'exécution par voie d'entreprise, la loi ait posé la règle de l'adjudication. Mais pour les concessions le point de vue n'est plus aussi simple : il ne s'agit plus d'un travail à exécuter moyennant un prix qui seul reste à déterminer : l'exécutant aura la direction presque absolue des travaux avec des pouvoirs délégués de la puissance publique ; puis il assurera l'exploitation ; enfin les ouvrages construits par voie de concession seront généralement d'une importance considérable et exigeront des garanties d'ordre technique : il y aura donc un enchevêtrement de clauses et conditions qui s'accommoderait mal en général du système de l'adjudication

D'autre part, avant de s'engager dans une semblable entreprise, les particuliers se livrent à une enquête approfondie ; ils en communiquent les résultats à un grand nombre de personnes dont ils sollicitent le concours ; il faut qu'ils soient assurés que cette divulgation forcée ne sera pas susceptible de profiter à des concurrents. Enfin on ne pourra arriver à traiter définitivement qu'après de longs pourparlers, et après discussion de toutes les clauses formant l'ensemble de la convention ; — le contrat d'exécution et d'exploitation constituant un tout dont les parties s'expliquent les unes par les autres :

Seul le marché de gré à gré peut assurer le débat complet de tous les intérêts.

40. — La règle que l'administration a liberté pleine et entière de traiter de gré à gré en matière de concession ne souffre pas de difficulté. D'ailleurs en l'admettant, on ne fait que généraliser ce qui en matière de marchés de travaux publics est l'exception. L'art. 18 du décret de 1882 admet les marchés passés de gré à gré, « pour les ouvrages et objets d'art dont l'exécution ne peut être confiée qu'à des artistes ou à des industriels éprouvés ».

D'une manière générale, alors même qu'on recourt à l'adjudication, l'administration a le droit d'exiger des soumissionnaires des garanties de capacité telles que leur nombre en sera restreint. En matière de concession on ne fait que pousser à l'extrême cette faculté, et l'administration peut en exagérer l'exercice au point de ne laisser subsister que la soumission de celui qu'elle choisit en définitive pour lui confier l'exécution du travail : c'est le marché de gré à gré.

41. — Quand l'administration traite de gré à gré, on dit qu'elle procède par voie de concession directe. Elle peut aussi procéder par voie de concession indirecte, c'est-à-dire recourir à l'adjudication publique. Nous avons vu qu'à cet égard les idées avaient fréquemment varié au cours de ce siècle; l'adjudication, selon les périodes, a été très employée ou au contraire a été délaissée. Aujourd'hui elle n'est plus guère usitée que pour des travaux de minime importance.

En ce cas l'administration commencera par exiger des concurrents toutes les garanties de capacité destinées à assurer la bonne exécution des travaux. Puis chacun d'eux proposera un rabais, qui en général portera sur les tarifs à percevoir sur le public. D'ailleurs on ne peut pas poser de règle à cet égard : c'est ainsi que pour les chemins de fer d'intérêt général, jusqu'en 1847, le rabais portait sur la durée de la concession. Actuellement il porte assez souvent sur la subvention à fournir par l'Etat (L. du 1er décembre 1851 et décret du 16 décembre 1851 sur le ch. de f. de Lyon à Avignon).

42. — Si l'administration ne veut pas user de son droit de traiter de gré à gré et recourt à l'adjudication, toutes les règles qui régissent l'adjudication doivent être suivies. Cependant jusqu'à ce que le contrat ait été passé, elle peut renoncer à procéder par adjudication, alors même qu'elle aurait déjà fait appel à la concurrence des soumissionnaires. Le conseil d'Etat a décidé en ce sens qu'un conseil général a pu valablement modifier les conditions précédemment posées, au détriment des soumissions régulièrement faites, et au profit d'un soumissionnaire qui avait modifié la soumission primitive. L'administration en effet n'avait violé aucun droit acquis ; en faisant publier un programme des conditions auxquelles il entendait traiter, le conseil général avait seulement voulu faire un appel aux soumissionnaires et non mettre en adjudication la concession ; dès lors, après avoir reçu leurs offres, il avait pu ensuite traiter de la concession avec l'un d'eux en tenant compte des conditions de capacité et de solvabilité qui lui étaient offertes pour l'exécution du contrat (Balmier et Cie, 16 février 1870 p. 108).

Section II. — *De l'autorité concédante.*

43. — Quelle est l'autorité compétente pour consentir une concession de travaux public ?

Un examen approfondi de cette question ne rentre pas dans le cadre de notre étude, la plupart des règles qui régissent la matière étant communes à tous les modes d'exécution de travaux publics. Il y a lieu de distinguer dans la législation deux ordres de dispositions : les unes affectant un caractère de généralité et relatives à tous les travaux, selon qu'ils sont entrepris par l'Etat, par le département ou par la commune, — les autres résultant de lois spéciales sur les différentes espèces de travaux publics faisant ordinairement l'objet de concessions.

Donc deux paragraphes dans cette section :

1° Règles générales.

2° Règles spéciales à certaines concessions.

§ 1. — *Règles générales.*

44. — Elles varient suivant qu'il s'agit de travaux de l'Etat, du département ou de la commune.

45. — a) *Travaux de l'Etat.* — La loi du 27 juillet 1870 donne compétence tantôt au législateur, tantôt au gouvernement. Son art. 1er est ainsi conçu : « Tous grands travaux publics, routes intérieures, canaux, chemins de fer, canalisation des rivières, bassins et docks, entrepris par l'Etat, ou par les compagnies particulières, avec ou sans subsides du trésor, avec ou sans aliénation du domaine public, ne pourront être autorisés que par une loi rendue après une enquête administrative. — Un décret impérial rendu en la forme des règlements d'administration publique et également précédé d'une enquête, pourra autoriser l'exécution des canaux et chemins de fer d'embranchement de moins de vingt kilomètres de longueur, des lacunes ou rectifications de routes impériales, des ponts et de tous autres travaux de moindre importance. En aucun cas les travaux dont la dépense doit être supportée en tout ou en partie par le Trésor ne pourront être mis à exécution qu'en vertu de la loi qui crée les voies et moyens, ou d'un crédit préalablement inscrit à un des chapitres du budget. »

Ce texte envisage deux points de vue : 1° Les finances de l'Etat sont-elles intéressées ? 2° Les travaux ont-ils une telle importance que l'intervention d'une loi soit nécessaire.

Si les finances de l'Etat sont intéressées, l'autorisation doit être donnée par une loi. C'était, sous l'empire du sénatus-consulte du 25 décembre 1852, le seul cas où une loi était nécessaire.

Quant à l'importance des travaux, le texte ne s'exprime pas dans des termes suffisamment clairs. Il procède par énonciation pour indiquer les travaux pour lesquels un décret sera suffisant, et il termine en y comprenant les « travaux de moindre importance ». La difficulté surgira quand il s'agira de travaux non assimilables à ceux expressément prévus. Il semblerait que le principe soit posé dans le § 1er de l'art. 1er qui exige une loi pour tous les grands travaux, le § 2 n'y apportant qu'une dérogation pour certains travaux qu'il énumère. Cependant ce serait donner de la loi de 1870 une interprétation étroite :

l'esprit de cette loi est d'exiger l'intervention du législateur toutes les fois que l'intérêt général est en jeu ; c'est ainsi que dans le § 1er elle parle des « grands travaux publics » ; et que dans le § 3 elle envisage le cas où le trésor peut être engagé. Il faut donc, à notre avis, distinguer selon qu'il s'agira d'un travail d'intérêt général, ou d'un travail présentant un simple intérêt local : dans le premier cas seulement on devra exiger l'autorisation législative. C'est l'opinion soutenue par M. Aucoc, qui,d'après le principe que nous admettons, dispense de cette autorisation les travaux d'endiguement des fleuves et torrents, de dessèchement des marais, de curage des cours d'eau non navigables ni flottables, d'irrigation et de colmatage (Aucoc, *Conférences*, t. 2, p. 258 ; *Revue critique de législation et de jurisprudence*, 1873, p. 87).

46. — *b*). *Travaux des départements et des communes.* — Il faut ici faire intervenir une distinction selon qu'il y a lieu d'autoriser les travaux ou d'en ordonner l'exécution.

47. — 1) *Autorisation.* — Il s'agit de la déclaration d'utilité publique, qui n'est nécessaire que pour les grands travaux, en vue de permettre l'expropriation. La loi de 1870 dispose dans son article 2 : « Il n'est rien innové quant à présent en ce qui touche l'autorisation et la déclaration d'utilité publique des travaux publics à la charge des départements et des communes. » Il faut donc s'en rapporter à la législation antérieure, contenue dans le sénatus consulte du 25 décembre 1852 et dans la loi du 3 mai 1841. L'art. 4 du sénatus-consulte de 1852 exige une autorisation par décret, pour les travaux énumérés à l'art. 3 de la loi de 1841 : c'est-à-dire pour : « tous les grands travaux publics, routes royales, canaux, chemins de fer, canalisation de rivières, bassins et docks... »

Ainsi, quand les travaux exécutés par les départements et les communes doivent être l'objet d'une déclaration d'utilité publique, cette déclaration sera faite par un décret du chef de l'Etat. Il est admis en jurisprudence qu'il suffit d'un décret simple (C. Et. 20 avril 1888).

Notons pour mémoire que par exception le conseil général a compétence pour déclarer l'utilité publique quand il s'agit des chemins de grande communication et d'intérêt commun (L. du 10 août 1871 art. 44 et 86) et que la commission départementale a le même pouvoir en ce qui concerne les chemins vicinaux ordinaires et les chemins ruraux. (L. du 20 août 1881, art. 4).

48. — 2) *Décision.* — Soit que la déclaration d'utilité publique ait été obtenue, soit qu'il s'agisse de travaux pour lesquels cette déclaration n'est pas exigée, c'est aux autorités locales qu'il appartient de décider l'exécution des travaux.

49. — Pour les travaux départementaux, le conseil général a le pouvoir de prendre à cet égard une délibération définitive (l. de 1871 art. 46). La concession fera donc l'objet soit d'une adjudication publique, soit d'un marché de gré à gré passé par le préfet, sauf réserve de la ratification du conseil général.

Toutefois le département peut lorsqu'il traite avec un concessionnaire, n'agir que sous réserve de l'approbation législative et de l'intervention de l'État pour la garantie d'intérêts : en ce cas, si, par le refus du ministre, la concession vient à être caduque, le concessionnaire ne sera pas fondé à demander au département une indemnité. S'il a subi un dommage c'est par suite d'un événement dont la responsabilité ne saurait incomber au département; et, en raison de la réserve introduite dans la concession, il ne peut pas prétendre avoir eu un droit acquis. (C. Et. 16 juin 1893, Chevalier, p. 499 ; Cpr. 1er mai 1891, p. 339, Bardon, Mallet et Cie).

50. — Quant aux travaux communaux, la concession sera accordée en principe par le conseil municipal, qui aux termes de l'art. de la loi de 1884 règle les affaires de la commune.

51. — Il y a lieu toutefois d'apporter à cette règle

des tempéraments : il résulte des art. 68 et 115, combinés avec l'art. 145 de la loi, que pour l'exécution de certains travaux très importants par leur nature ou par leurs conséquences financières, il faudra l'approbation du préfet, soit même du chef de l'Etat. Ce sont des règles générales à tous les modes d'exécution des travaux publics, que cette exécution ait lieu par voie de concession ou par entreprise. Insistons seulement sur le § 2 de l'art. 115, d'après lequel il faut également l'approbation du préfet ou du chef de l'Etat pour les « traités portant concession à titre exclusif, ou pour une durée de plus de 30 années de grands services municipaux, ainsi que des tarifs et traités relatifs aux pompes funèbres. »

Il semblerait résulter *a contrario* des termes de cet article que le conseil municipal soit souverain pour toutes les concessions d'une durée de moins de trente ans. Mais il faut corriger ce que cette interprétation aurait de trop absolu, en y apportant deux restrictions :

1° Il convient de limiter ce paragraphe 2 par le paragraphe 1er du même article, qui exige l'approbation préfectorale pour les marchés passés *de gré à gré* en vue de l'exécution des travaux communaux. Pour que le conseil municipal statue souverainement conformément au § 2, il faudra donc que la concession d'une durée de moins de 30 ans soit faite par voie d'adjudication ;

2° Il faudra en second lieu que, du traité de concession, il ne résulte aucune taxe à percevoir sur les habitants : car l'art. 68 soumet à l'approbation de l'autorité les tarifs des droits divers à percevoir au profit des communes en vertu de l'art. 133. Il est vrai que d'après la lettre même du texte, on ne devrait exiger l'approbation que lorsque le droit est perçu au profit de la commune. Mais il n'y a pas lieu, à notre avis de distinguer selon que la taxe est perçue directement par la commune ou indirectement par l'intermédiaire d'un concessionnaire. Le but de l'art. 68 a été de veiller à la protection des contribuables, en permettant à l'autorité d'exercer son contrôle sur les taxes auxquels ils sont soumis.

Observons toutefois que ces deux restrictions apportées au § 2 de l'art. 115 réduisent à bien peu de chose le pouvoir de décision qu'il donnait au conseil municipal en matière de concession (Cpr. Morgand, t. 2, p. 208).

§ 2. — *Règles spéciales à certaines concessions.*

52. — a) *Concession d'un monopole.* — Lorsqu'il s'agit d'une concession de travaux publics emportant concession à un particulier d'un monopole de l'Etat, c'est au législateur qu'il appartient de l'accorder. Cette règle ne résulte d'aucun texte exprès ; mais la jurisprudence la déduit du principe que l'Etat ne peut abdiquer que par une loi un droit qui lui appartient exclusivement.

Nous ne parlons, bien entendu, que d'un monopole proprement dit, tel que le monopole des communications téléphoniques. La règle ne s'appliquerait pas aux concessions qui aboutissent à créer seulement du monopole de fait, comme les concessions d'éclairage, qui ne constituent un privilège pour la Compagnie concessionnaire que par suite de l'interdiction faite à la ville de favoriser par des permissions de voirie des entreprises concurrentes (jurisprudence constante). Au contraire, pour les téléphones, l'Etat a un véritable monopole résultant de la loi du 8 mai 1837, général à tous les moyens de transmission de signaux à distance. C'est pour des concessions de ce genre que le conseil d'Etat a exigé l'approbation législative (24 juillet 1891, Société générale des Téléphones, p. 573 ; Cpr. 11 janvier 1889 p. 31 ; Compagnie des Docks et entrepôts de Marseille).

53. — b) *Chemins de fer d'intérêt général.* — En principe une loi est nécessaire, aux termes de la loi du 27 juillet 1870 (art. 1er, § 1er). Mais le § 2 ajoute qu'un décret rendu dans les formes d'un règlement d'administration publique et précédé d'une enquête pourra autoriser l'exécution de chemins de fer d'embranchement de moins de 20 kilom. de longueur. Ajoutons que l'adjudication de ces travaux ne sera valable qu'après homologation donnée par decret.

54. — c) *Chemins de fer d'intérêt local.* (Loi du 11 juin 1880). Le conseil général ou le conseil municipal, selon qu'il s'agit d'un chemin d'intérêt départemental ou d'intérêt communal, arrête la direction du chemin et le mode d'exécution des travaux. Puis l'utilité publique est déclarée et l'exécution autorisée par une loi. Le projet est soumis au Conseil général qui statue définitivement, ou au conseil municipal, dont la délibération est soumise à l'approbation du préfet (art. 3). Enfin, aux termes de l'art. 5 « les taxes perçues dans les limites du maximum fixé par le cahier des charges sont homologuées par le ministre des travaux publics, dans le cas où la ligne s'étend sur plusieurs départements, et dans le cas de tarifs communs à plusieurs lignes. Elles sont homologuées par le préfet dans les autres cas. »

55. — d) *Tramways.* — D'après l'art. 29 de la loi du 11 juin 1880, préalablement à toute concession de tramways l'utilité publique doit être déclarée et l'exécution autorisée par un décret délibéré en conseil d'Etat sur le rapport du ministre des travaux publics, après avis du ministre de l'intérieur.

56. — Quant à l'autorité compétente pour faire la concession, la loi de 1880 dans son art. 27 a tranché

des difficultés qui sous la législation antérieure avaient surgi entre l'Etat, les départements et lès communes. Quand le projet intéressait des chemins départementaux ou communaux, à qui donner compétence? Le conseil d'Etat invoquant l'intérêt général, en raison notamment de ce que la concession d'un tramway attribuait au concessionnaire un véritable monopole pour le transport en commun, avait par deux fois décidé qu'il faudrait, pour l'accorder, un décret rendu dans la forme des règlements d'administration publique (Av. C. Et. 22 février 1872, 9 mars 1876).

En raison de cette jurisprudence, et pour éviter des difficultés pratiques, le gouvernement avait pris l'habitude de choisir précisément pour concessionnaires les communes ou les départements intéressés, en leur laissant la faculté de rétrocéder la concession.

La loi du 11 juin 1880, complétée par deux décrets des 18 mai et 9 août 1881, est venue réglementer la matière. Elle n'a pas consacré la jurisprudence du conseil d'Etat; mais elle s'est inspirée de l'usage des rétrocessions adopté par la pratique. Le principe est, quand deux autorités différentes sont intéressées, de donner compétence à la plus importante : à l'Etat, si un tramway est établi, même en partie seulement, sur une voie dépendant de son domaine public; — au conseil général, si la voie, sans emprunter une route nationale, doit être établie, même en partie seulement, sur une route départementale ou sur un chemin de grande communication ou d'intérêt commun ; — le conseil municipal n'a qualité pour accorder la concession que lorsque le tramway est établi entièrement sur le territoire de la commune. Dans le cas où il doit s'étendre sur le territoire de plusieurs communes, c'est le conseil général qui statue.

57. — Ces règles ne concernent que les concessions définitives. Mais il faut mettre à part les concessions faites à titre d'essai. Ainsi un préfet ayant autorisé un particulier à établir temporairement un tramway au bord de la mer, son arrêté fut attaqué pour excès de pouvoir, sous prétexte que l'autorité compétente pour consentir la concession était le ministre des travaux publics. — Le conseil d'Etat n'a pas tranché la question. Mais nous pensons que la loi de 1880 n'a eu pour but de réglementer que les concessions faites à titre définitif. En autorisant un essai, le préfet n'accorde pas à proprement une concession de travaux publics. Dès lors son arrêté n'a rien d'illégal. C'est d'ailleurs en ce sens que s'est prononcé le Conseil général des ponts et chaussées en 1889 et en 1892 (V. C. Et. 30 novembre 1894, Epoux Mortureux, p. 643 et la note).

58. — e) *Ponts*. — Les concessions des ponts à péage autrefois très fréquentes sont devenues assez rares depuis la loi du 30 juillet 1880 qui a pour but de déterminer les conditions du rachat de ces concessions. L'art. 1er de cette loi dispose qu'il « ne sera plus construit à l'avenir de ponts à péage sur les routes nationales ou départementales ». Les concessions de ponts à péage sont donc restreintes à la voirie vicinale : et encore le § 2 de l'art. 1er donne-t-il facilité aux départements et aux communes pour construire eux-mêmes les ponts dépendant de la voirie vicinale, en les autorisant à faire dans ce but un emprunt à la caisse des chemins vicinaux.

59. — Quoi qu'il en soit, dans les cas où il y aura lieu de concéder la construction d'un pont, quelles seront les autorités compétentes ? L'autorisation sera donnée par décret délibéré en section du conseil d'Etat (L. de floréal an XI ; déc. 7 sept. 1864 art. 1er).

60. — Quant à la concession, elle sera accordée le plus souvent par voie d'adjudication. C'est un des cas assez rares où l'on recourt à l'adjudication en matière de concession. Cela s'explique par la simplicité du travail à accomplir : il sera facile d'en poser à l'avance toutes les conditions, sauf à laisser sur un point aux concurrents la faculté de proposer leurs rabais.

61. — Comme il s'agit de ponts à péages, il y aura lieu d'exiger l'approbation préfectorale, par application de l'art. 68 de la loi municipale de 1884, conformément à la règle générale que nous avons établie précédemment (V. *suprà*, n° 51).

62. — f) *Marais*. — Les concessions seront faites par des décrets rendus en Conseil d'Etat (loi du 16 septembre 1807, art. 5). Le Conseil d'Etat a admis que le décret de concession n'était pas susceptible d'être attaqué au fond par la voie contentieuse (C. Et. 27 avril 1850 p. 402. Commune de Saint-Vincent de Xaintes).

63. — M. Christophle réserve le cas où la concession aurait été faite au mépris du droit de préférence accordé par l'art. 4 de la loi de 1807 au profit de certains propriétaires ou des communes. Cette réserve nous semble inutile : l'arrêt du Conseil ne vise que le recoursc ontentieux au fond, tel que celui qui serait basé sur une fausse appréciation des garanties présentées par les concurrents ; mais il ne se prononce pas sur l'admissibilité du recours pour excès de pouvoir ou violation de la loi : ce recours est général, et si l'autorité concédante n'avait pas tenu compte des prescriptions de l'art. 4, sa décision serait soumise à la règle du recours en annulation (Christophle, n° 1510).

Section III. — *Du concessionnaire.*

64. — En principe tout le monde peut être concessionnaire de travaux publics. Il suffira d'être agréé par l'administration quand elle traitera de gré à gré, ou d'offrir le plus fort rabais quand elle procédera par adjudication. L'administration exigera des soumissionnaires toutes les garanties qu'elle jugera nécessaires. Elle jouit à cet égard d'une entière liberté.

Toutefois il y a lieu d'apporter à ce principe deux exceptions en sens inverses.

65. — D'une part il est un cas où l'administration devra donner la préférence à certains soumissionnaires; c'est l'hypothèse prévue par les art. 3 et 4 de la loi du 16 septembre 1807, à laquelle nous venons de faire allusion : la concession de dessèchement des marais devra être accordée de préférence soit au propriétaire des terrains à dessécher, soit à la commune propriétaire ou encore à la réunion d'un certain nombre de propriétaires (V. art. 3 et 4, loi de 1807).

66. — D'autre part, en matière de concessions de chemin de fer, les Sociétés concessionnaires d'un chemin de fer d'intérêt général, voulant émettre des actions devront affecter la forme de Sociétés anonymes : cela résulte de la loi du 15 juillet 1845.

On avait voulu donner à cette prescription une extension qu'elle ne comporte pas, en en concluant que seules les sociétés anonymes pourraient obtenir une concession de chemins de fer d'intérêt général. Mais rien dans la loi n'autorise une telle interprétation : les sociétés ne devront se constituer en sociétés anonymes que lorsqu'elles voudront émettre des actions. Cette règle, qui d'ailleurs a perdu son importance depuis que les sociétés anonymes sont dispensées de l'autorisation gouvernementale, ne concerne donc ni les sociétés en commandite simple ou en nom collectif, ni les particuliers qui voudraient soumissionner.

La loi de 1880 sur les chemins de fer d'intérêt local a soumis les concessionnaires à une réglementation beaucoup plus précise dans le détail de laquelle nous n'avons pas à entrer (art. 18).

67. — Devra-t-on appeler concessionnaire toute personne civile chargée de l'exécution de certains travaux et qui se verrait autorisée à percevoir des taxes à l'occasion de ces travaux ? — Non : il faut d'abord que cette personne civile soit au moins distincte de l'autorité qui a commandé les travaux ; — il faut en second lieu qu'elle exécute et exploite les travaux en vertu d'un traité de concession.

Précisons :

68. — a) L'administration des chemins de fer de l'Etat peut-elle être considérée comme un concessionnaire ? Le débat a été soulevé sur une question de compétence. Une difficulté ayant surgi entre l'administration des chemins de fer de l'Etat et un entrepreneur, à quelle juridiction appartenait-il de la trancher ? Si l'administration des chemins de fer de l'État devait être assimilée à une société concessionnaire, la contestation était de la compétence judiciaire ; si au contraire elle ne faisait que représenter l'Etat exploitant les chemins de fer, la question ressortissait du conseil de préfecture en vertu de l'art. 4 de la loi de pluviôse an VIII.

La jurisprudence au Conseil d'Etat et du Tribunal des conflits n'a pas voulu assimiler les chemins de fer de l'Etat à une compagnie concessionnaire. Il est bien vrai, en effet, que cette administration jouit d'une certaine indépendance, qu'elle peut passer des contrats, s'obliger à l'égard des tiers ; il est vrai aussi qu'elle fait acte d'entrepreneur de transports et peut à ce titre, comme les compagnies concessionnaires, être tenue envers les tiers d'obligations qui engagent sa responsabilité devant les tribunaux judiciaires. Mais l'Etat lui-même, s'il exploitait directement, serait en principe soumis aux mêmes règles de responsabilité par application de l'art. 22 de la loi du 15 juillet 1845. La vérité c'est que l'administration des chemins de fer de l'Etat ne forme pas une personnalité distincte de celle de l'Etat : son budjet forme un budjet annexe qui est rattaché pour ordre au budjet général ; les travaux de superstructure et les travaux complémentaires de premier établissement font l'objet de marchés soumis à l'approbation du ministre, et exécutés au moyen de ressources accordées par lui ; les dépenses sont imputées sur le budjet général, et sont payées par les soins de fonctionnaires de l'Etat (Décret du 25 mai 1878, art. 28).

C'est donc avec raison, à notre sens, que le conseil d'Etat a refusé de voir dans l'administration des chemins de fer de l'Etat une entreprise privée bénéficiaire d'une concession. Elle n'est qu'une émanation de l'Etat, dotée d'organes nécessaires à son fonctionnement ; mais prétendre voir en elle un concessionnaire de l'Etat équivaudrait à concevoir l'Etat concessionnaire de lui-même (Conflits, 22 juin 1889, Vergnioux c. ch. de f. de l'Etat, p. 771. et en note les conclusions de M. le commissaire du gouvernement Margerie. Cpr. C. Et. 10 juillet 1885, Chervet, p. 663 ; — 25 janvier 1889, Chervet, p. 87).

69. — b) Nous avons dit en second lieu que pour être « concessionnaire » la personnalité chargée d'exécuter et d'exploiter certains travaux devait le faire en vertu d'un traité de concession. Il ne faudrait pas voir une concession dans toute autorisation accordée à une ville de percevoir une taxe moyennant l'accomplissement de certains travaux d'utilité publique. Cette taxe sera-t-elle perçue en vertu d'une concession de travaux publics, ou seulement comme toute taxe rentrant dans l'ensemble des recettes communales en vertu des lois générales ? La question n'est pas seulement théorique et peut présenter au point de vue de pratique un grand intérêt.

La loi de 1884 énumérant dans son art. 133 les taxes que les communes pourront percevoir, parle de droits de stationnement sur les ports et quais « fluviaux »; on en a conclu que le droit de stationnement n'existait plus à leur profit à l'égard des ports maritimes, comme ils existaient sous l'empire de la loi de frimaire an VII. La ville de Rouen essaya d'échapper à l'application de la loi en prétendant, qu'en ce qui la concernait, les droits de stationnement dans les ports maritimes lui avaient été accordés, non par la loi générale de frimaire an VII, mais par une ordonnance du 8 octobre 1815, qui les lui avait octroyés à perpétuité comme prix de l'exécution de certains travaux. La Cour de Rouen et la Cour de cassation rejetèrent cette prétention et refusèrent de voir dans la ville un concessionnaire de travaux publics : il ressortait des circonstances que l'ordonnance de 1815 n'avait été rendue que pour appliquer l'art. 7 de la loi de frimaire an VII, qui n'accordait aux villes les droits dans les ports maritimes qu'après autorisation de l'autorité supérieure : l'ordonnance de 1815 n'était donc pas une concession de travaux publics, mais se rattachait à la loi de l'an VII, laquelle émunérait les taxes municipales : c'était donc à tort que la ville de Rouen invoquait la qualité de concessionnaire.— (Rouen 5 juillet 1885, S. n. 87, 2.241, Cass. 7 déc. 1887, S. 90, 1.345).

De ces observations, nous concluons que, pour qu'il y ait concession, il ne suffira pas qu'il y ait une taxe à percevoir et des travaux à exécuter. Il faudra encore que les parties aient voulu se lier par un contrat de concession. La distinction pourra être difficile à faire, comme dans l'espèce que nous avons examinée. Ce sera au juge du fait à s'inspirer des circonstances, et à rechercher notamment s'il y a, selon le *criterium* que nous avons adopté, une période de construction liée à une période d'exploitation, les deux périodes étant indissolublement liées dans une même convention.

OBLIGATIONS ET DROITS DES CONCESSIONNAIRES

70. — Les rapports naissant de concession des travaux publics sont difficiles à analyser en raison de leur variété. Ils différeront avec chaque nature d'ouvrages ; et, pour chaque nature d'ouvrages, les contrats varieront d'un cas à l'autre par le jeu de la liberté des conventions.

Cependant il est des obligations qui tiennent au but même de la concession, telles que celles de construire ou d'entretenir les ouvrages ; il en est d'autres qui, sans être essentielles, résulteront des clauses ordinaires des contrats de concession ; enfin, en l'absence de stipulations formelles, il faudra souvent chercher une solution dans le droit commun. A ces divers point de vue il est utile de poser des règles générales. Elle résulteront de la nature du contrat de concession, ou se dégageront de l'ensemble des cahiers des charges dressés jusqu'à ce jour. A cet égard, l'interprète recourra utilement aux cahiers de charges types qui existent pour chaque espèce de concession ; c'est ainsi que pour les chemins de fer d'intérêt général, à côté de nombreuses circulaires ministérielles, il existe un cahier modèle de 1857 ; pour les ponts, le cahier type du 23 août 1852 a été refondu en 1878 ; pour les tramways, le cahier est du 9 août 1881.

De tous ces éléments fixes il résulte que les mêmes clauses se retrouvent dans les divers contrats ayant pour objets des travaux de même ordre. Mais cette observation ne peut constituer qu'une simple indication : il ne faudrait pas en pousser trop loin les conséquences et, par exemple, de ce que les cahiers de charges des compagnies de chemins de fer sont à peu près identiques, conclure que ce qui est opposable à l'une est opposable à l'autre (C. Préf. Seine 28 janvier 1879. D. 79. 3. 22. C. et 5 mars 1880.)

Ces préliminaires posés, abordons l'étude des obligations et des droits des concessionnaires.

CHAPITRE VI.

Obligations des concessionnaires.

71. — Le concessionnaire est tenu d'obligations, en premier lieu à l'égard du concédant ; en second lieu à l'égard des tiers.

Section I. — *Obligations à l'égard du concédant.*

72. — Le concessionnaire de travaux publics ne construit pas, comme l'entrepreneur, dans le seul but de livrer son travail à l'administration ; il construit pour exploiter : après l'achèvement des travaux, la seconde partie de son rôle commence : il doit assurer le service en vue duquel les travaux ont été faits, et pour cela, entretenir les ouvrages en état ; enfin ce n'est qu'après l'expiration du temps fixé pour son exploitation qu'il livrera les ouvrages au concédant, s'il y a lieu.

Donc quatre obligations sont à sa charge :

1° Obligation de construire.

2° Obligation d'entretenir en bon état.

3° Obligation d'assurer l'exploitation.

4° Obligation de remettre les ouvrages au concédant.

Dans une cinquième partie, nous étudierons les sanctions ordinaires de ces obligations.

1° *Obligation de construire.*

73. — Le concessionnaire doit exécuter le travail dans les conditions et dans les délais fixés au cahier des charges. Les délais doivent être observés, non seulement à l'égard de la réception définitive, qui a lieu lors de l'achèvement des ouvrages, mais aussi à l'égard des réceptions partielles auxquelles ils donnent lieu en cours d'exécution (art. 28 du cahier de 1857 pour les chemins de fer.) Quant aux conditions d'exécution, elles sont soumises au contrôle des agents de l'autorité concédante.

74. — L'administration a cependant bien moins d'action sur l'exécution qu'en matière d'entreprise proprement dite. Outre qu'elle n'a qu'un droit de contrôle, en somme relativement éloigné, elle ne pourrait pas apporter aux conditions primitives d'exécution des changements susceptibles d'entraîner des dépenses supplémentaires de premier établissement. Elle ne le pourrait pas, alors même que le ministre invoquerait son droit de veiller au bon entretien d'un chemin de fer et à la sûreté de la circulation sur la voie ferrée (C. Et. 28 juin 1878 Ministre des travaux publics c. Compagnie des chemins de fer du Nord, p. 624).

75. — De son côté, le concessionnaire est lié étroitement par son contrat. La concession étant faite *intuitu personæ*, il ne pourrait pas se substituer un tiers pour l'exécution des ouvrages. Il peut choisir des agents qui travaillent sous sa responsabilité, mais lui seul reste tenu à l'égard du concédant. Certaines concessions ont exagéré ce principe en prenant des précautions pour empêcher qu'on ne tournât la prohibition : c'est ainsi qu'aux compagnies de chemins de fer il est défendu de passer des marchés généraux avec un seul entrepreneur ou des marchés à forfait avec plusieurs entrepreneurs séparés.

En somme, ce qui domine le contrat de concession en ce qui touche l'exécution des travaux c'est la force du lien de droit qui unit les parties. La convention a été faite une fois pour toutes : le concessionnaire doit s'y conformer en exécutant lui-même suivant les conditions portées au contrat ; et le concédant en acceptant l'exécution telle qu'elle a été prévue dans l'acte de concession.

2° *Obligation d'entretenir les ouvrages.*

76. — Cette obligation est impliquée par les deux dernières : tenu à assurer l'exploitation des travaux, puis à les remettre à l'administration, le concessionnaire doit naturellement veiller à leur conservation et pourvoir à leur entretien pendant tout le temps de l'exploitation.

Toutefois l'Etat concédant se charge parfois de certains travaux de terrassement ou d'ouvrages d'art. Alors c'est à lui qu'incombe l'obligation d'entretien, jusqu'à la réception définitive des ouvrages par le concessionnaire (C. Et. 30 juillet 1887).

Il y a lieu également de répartir la charge de l'entretien, quand le concessionnaire n'a pas l'usage exclusif de la partie du domaine public sur lequel s'exerce son droit d'exploitation. En l'absence d'une clause formelle, cette solution nous semblerait équitable: car on ne pourrait faire supporter au concessionnaire la réparation de dégradations qui ne tiennent pas à l'exploitation. D'ailleurs le cas est prévu dans les concessions de tramways : les dépenses nécessitées par l'entretien de la voie, qui reste accessible aux voitures ordinaires, sont réparties entre le concédant et le concessionnaire. Cette disposition est de celles qu'il faut généraliser comme étant l'expression de la simple équité.

77. — La plupart du temps les cahiers de charges prévoient le cas de destruction des ouvrages par force majeure et en imposent la reconstruction au concessionnaire. En l'absence d'une clause expresse, que doit-on décider ? Doit-on dire que cette obligation découle de l'obligation générale d'entretien ?

On a essayé de soustraire le concessionnaire à cette charge ; et on est entré pour cela dans la voie des comparaisons, voie dangereuse entre toutes quand il s'agit d'une situation aussi mal définie que celle du concessionnaire. On a voulu l'assimiler à un emphitéote, qui, lui, ne répond pas des cas fortuits. Mais nous aurons à démontrer au cours de ce chapitre que le concessionnaire n'a sur les ouvrages qu'il a exécutés aucun droit réel. Il faut donc seulement examiner le but du contrat, qui a créé entre les parties un simple lien personnel qui oblige le concessionnaire à livrer des ouvrages déterminés au concédant à l'expiration de la concesssion. Là est la règle : il n'y a donc pas lieu d'invoquer les principes de l'emphitéose avec lequel notre contrat ne présente aucune analogie, ni en fait ni en droit.

On a prétendu aussi voir dans le concessionnaire une sorte de dépositaire ,qui, d'après l'art. 1929 C. civ., ne serait tenu dans aucun cas des événements de force majeure. Cette assimilation nous semble plus insoutenable encore que la précédente. Le contrat de dépôt est considéré comme un contrat de bienfaisance, et c'est pour cette raison que le dépositaire est déchargé de toute autre responsabilité que celle venant de sa faute. Quel rapport peut-il y avoir entre ce contrat de dépôt et la concession de travaux publics, contrat commutatif des plus complexes.

Invoquera-t-on la règle *res perit domino*. Mais ce serait en donner une interprétation abusive : on a vu qu'en allant au fond des choses, le *dominus* était en quelque sorte le concessionnaire, qui a travaillé pour lui-même autant que pour l'administration.

Enfin si l'on veut à tout prix faire intervenir le droit civil, nous irons chercher le principe dans l'art. 1788 du Code civil, ainsi conçu : « Si, dans le cas où un ouvrier fournit la matière, la chose vient à périr, de quelque manière que ce soit, avant d'être livrée, la perte en est pour l'ouvrier, à moins que le maître ne fût en demeure de recevoir la chose. »

Nous pensons avec la jurisprudence et la majorité des auteurs que le concessionnaire est tenu de reconstruire. Il en est tenu en vertu de son obligation générale d'entretien : la concession a un caractère essentiellement forfaitaire, nous l'avons établi au début : le concessionnaire s'est engagé à faire un travail et à le livrer au concédant. Il doit s'acquitter de ces obligations sans que le concédant ait à s'inquiéter des causes, même indépendantes de sa volonté, qui pourraient y mettre obstacle. (C. Et. 16 juin 1853, Gabaud, 609. — 28 mars 1879, Escarraguel, 273).

3° *Obligation d'assurer l'exploitation.*

78. — L'exploitation n'est pas seulement un droit pour le concessionnaire ; l'exécution des travaux intéressait l'utilité publique ; au lieu d'être construits par l'administration, les ouvrages l'ont été par un particulier : il y a eu une simple différence de procédé, et le public a droit à l'usage des ouvrages exécutés. Bien plus, c'est surtout les travaux exécutés par voie de concession qui nécessiteront une « exploitation » proprement dite : car on tend de plus en plus à restreindre la concession aux travaux qui ne peuvent servir à l'usage public que par des soins d'un intermédiaire.

L'administration doit veiller, en vertu de son droit général de contrôle, sur le service d'exploitation. Notamment le concessionnaire ne pourra pas prétexter des réparations d'entretien pour interrompre un service ; il ne devra y procéder que successivement de manière que le service public soit constamment assuré.

79. — Il faut, bien entendu, réserver le cas de force majeure. Que décider au cas où, par suite d'une grève de son personnel, une compagnie concessionnaire serait obligée de suspendre l'exploitation. Devrait-on accorder au ministre le droit de prononcer la déchéance ? La question, qui à notre connaissance, ne s'est pas présentée en jurisprudence, a été souvent agitée dans la presse. Nous n'hésitons pas à permettre au ministre de déclarer la compagnie déchue. Qu'on ne nous objecte pas que c'est faire intervenir le gouvernement dans le conflit du capital et du travail. Car l'arrêté du ministre est susceptible de recours devant le conseil de préfecture ou devant le conseil d'Etat : et c'est à une décision juridictionnelle qu'il appartiendra en définitive de prononcer. Les juges apprécieront si la grève a été ou non le fait des exigences intempestives, des fautes du concessionnaire : en ce cas, l'arrêté de déchéance sera pleinement justifié ; au contraire, si la grève est survenue par suite d'événements indépendants du concessionnaire, il y aura lieu à l'assimiler à un cas de force majeure, dont il ne saurait être rendu responsable.

Quoique la question ne se soit pas présentée en ces termes dans la pratique, le conseil d'Etat a eu déjà occasion de classer une grève dans les événements de force majeure (C. Et. 21 juin 1878, Dép. du Rhône c. Salebert, p. 593). Mais il ne faut voir dans cet arrêt qu'une solution d'espèce, laissant à la juridiction administrative l'appréciation des faits qui ont provoqué la grève, et le pouvoir de décider en chaque hypothèse si elle constitue un cas de force majeure, dispensant le concessionnaire de l'obligation d'exploiter.

4° *Obligation de remettre les ouvrages à l'administration à l'expiration de la concession.*

80. — Il n'y a rien à dire sinon, que les ouvrages devront être remis en bon état.

Rappelons seulement que cette réception des travaux par l'administration n'est pas essentielle dans le contrat de concession ; et que si elle constitue en général une obligation pour le concessionnaire, le concédant a parfois le droit d'y renoncer (L. du 11 juin 1880, sur les tramways, art. 35).

5° *Sanction des obligations du concessionnaire.*

81. — Il est d'abord une sanction d'ordre général, qui réside dans le droit qu'a l'administration d'exercer son droit de contrôle : c'est ainsi que faute par les compagnies de chemins de fer d'exécuter les travaux d'entretien jugés nécessaires, il peut y être pourvu d'office aux frais de la compagnie et les avances faites par l'Etat sont recouvrées en vertu d'un rôle rendu exécutoire par le préfet.

Mais les cahiers de charge donnent ordinairement au concédant des garanties plus énergiques : les plus usitées sont : la saisie des revenus, le sequestre et la déchéance.

82. — a) *Saisie des revenus.* — C'est la sanction la plus forte de l'obligation d'entretien : nous avons vu que l'administration pouvait faire exécuter d'office les travaux d'entretien, sauf à en recouvrer les frais contre le concessionnaire. Mais quand la concession touche à sa fin, l'Etat pourrait craindre de ne pas rentrer dans ses déboursés ; aussi le plus souvent les cahiers de charges autorisent l'administration à saisir dans les dernières années les revenus du concessionnaire pour les affecter aux dépenses d'entretien afin de s'assurer que les travaux lui seront remis en bon état à l'expiration de la concession.

83. — b) *Sequestre.* — L'établissement du sequestre est une mesure grave, qui correspond à la mise en régie en matière d'entreprise de travaux publics. Toutefois, à la différence de celle-ci, il affecte un caractère provisoire, et est destiné à parer à l'inexécution des obligations du concessionnaire, soit quant à l'achèvement des travaux, soit à l'égard de l'exploitation. Les agents de l'Etat, chargés de l'administration, perçoivent tous les revenus pour les appliquer aux besoins de l'entreprise ou à l'achèvement des travaux, et c'est l'administrateur du sequestre qui représente la société en justice. Le sequestre est levé quand les circonstances qui l'avaient rendu nécessaire ont cessé d'exister.

84. — c) *Déchéance.* — C'est l'application du droit de résiliation accordé par l'art. 1184 C. civ. à tout contractant quand l'autre partie n'a pas exécuté ses obligations. Il y a cependant une différence avec le droit civil : c'est que la déchéance est prononcée par le concédant, alors que la résiliation des contrats de droit civil doit être prononcée en justice. Nous aurons à revenir sur la déchéance, en étudiant les manières dont finit la concession (V. *infrà*, n°142 et s.). Pour le moment, nous ne l'envisageons que comme sanction des obligations du concessionnaire.

85. — A ce point de vue, le droit de prononcer la déchéance est renforcé d'un droit plus puissant encore, qui est la faculté donnée à l'administration de s'approprier le cautionnement versé par le concessionnaire.

L'obligation pour le concessionnaire de verser un cautionnement est d'un usage tellement constant qu'on peut la classer parmi les règles ordinaires du contrat de concession. Comme en matière d'entreprise, ce cautionnement est soumis au droit de gage du concédant. Mais les concessions stipulent d'habitude quelque chose de plus : on convient que, faute par le concessionnaire d'avoir exécuté dans les délais convenus, le cautionnement sera attribué à l'Etat, soit en totalité, soit pour la partie qui n'aurait pas encore été restituée.

Non seulement l'Etat est ainsi armé d'un droit très fort contre le concessionnaire, mais encore il est à l'abri du concours de ses créanciers : il a le droit de retenir par devers lui les sommes qui lui ont été remises, dès l'instant que, les conditions n'ayant pas été remplies, la déchéance a été encourue (24 février 1853, p. 272, Min. des travaux publics, c. Labrillantais). Il y a là une convention analogue au contrat de couverture en droit commercial, avec cette différence toutefois qu'elle emprunte du caractère de la clause pénale : l'Etat n'use pas de son privilège pour se payer de ce qui lui est dû en raison du préjudice causé par l'inexécution : le cautionnement lui est acquis en totalité, sans qu'il y ait lieu d'apprécier ce préjudice, en vertu d'une clause forfaitaire, — qui a, d'autre part, sur la clause pénale, cet avantage qu'elle arme l'Etat d'un privilège sur les sommes versées au trésor.

Il convient d'ailleurs d'ajouter qu'en certain cas, ce droit a paru tellement exorbitant que l'Etat n'en a pas toujours usé avec rigueur ; et nous voyons, par exemple, un décret du 6 mars 1853 ordonner la restitution de la moitié de leur cautionnement à des compagnies qui avaient encouru la déchéance.

86. — Le droit de l'Etat sur le cautionnement, tient, disons-nous, de la clause pénale et du nantissement. Il faut tenir compte de ces deux caractères et ne pas s'attacher à l'un des deux à l'exclusion de l'autre. Cependant la jurisprudence, à notre avis, a abusé de l'idée de clause pénale. Elle a eu plusieurs fois à se prononcer dans l'hypothèse suivante : une compagnie ayant encouru la déchéance pour inexécution des charges, l'Etat peut-il non-seulement confisquer le cautionnement, mais encore réclamer des dommages-intérêts ? Non, a répondu par deux fois le Conseil d'Etat : « le contrat stipulait formellement comme seules pénalités applicables la déchéance du concessionnaire et la confiscation du cautionnement»; clause pénale, et le principe en la matière est que cette clause est la loi des parties, qu'elle fixe une fois pour toutes et à l'avance l'indemnité que l'une ou l'autre sera en droit de réclamer (C. Et. 15 juillet 1881, syndic de la faillite de la Compagnie d'Orléans à Rouen, p. 707 ; 11 janvier 1884, Level c. département du Pas-de-Calais, p. 39, avec les conclusions du commissaire du gouvernement Gomel.)

Nous croyons que le conseil d'Etat a été guidé dans ces deux arrêts par des considérations d'espèces. Mais on ne peut ériger en principe qu'après la déclaration de déchéance l'Etat devra se contenter, pour tous dommages-intérêts, de la confiscation du cautionnement. Il y aura avant tout à examiner quel a été l'intention des parties. Sans doute il se peut que le cautionnement constitue l'évaluation à forfait de l'indemnité à réclamer au cas d'inexécution, et alors il faudra juger en fait dans le sens des arrêts du Conseil d'Etat. Mais le but principal des contractants a pu être aussi d'assurer au concédant un droit de nantissement sur une certaine valeur qui constitue un minimum d'indemnité : il n'y aurait plus une clause pénale proprement dite fixant à forfait les dommages-intérêts à payer ; on serait en présence d'une simple garantie donnée à l'Etat qu'en cas d'inexécution il aura un droit d'appropriation sur la somme à lui versée, sauf à parfaire par les voies d'exécution ordinaires, le montant de l'indemnité représentative du préjudice causé. En un mot il y a ici une question d'interprétation de volonté on ne peut donc formuler à cet égard de règle générale et absolue.

Section II. — *Obligation du concessionnaire à l'égard des tiers.*

87. — Les obligations qui peuvent être à la charge des concessionnaires à l'égard des tiers ont leur source dans les dommages causés par l'exécution ou l'exploitation des travaux publics. Nous n'avons pas ici à passer en revue tout ce qui se rattache à la matière des dommages causés par les travaux publics, mais seulement à l'examiner dans ses rapports avec le contrat de concession. Et encore, dans ce chapitre n'étudierons-nous que ce qui a trait à l'étendue des obligations du concessionnaire, renvoyant l'examen des questions de compétence à un chapitre ultérieur.

88. — On peut poser en principe que le concessionnaire, étant substitué à l'Etat, doit être déclaré responsable des dégâts occasionnés par les travaux, comme l'Etat lui-même en répondrait, s'il avait exécuté directement les travaux d'utilité publique.

De ce principe découlent deux règles : 1° d'une part, le concessionnaire n'est pas couvert par la déclaration d'utilité publique, et il doit indemnité des dommages causés quand il n'a pas pris les précautions nécessaires pour les empêcher : en cela il est responsable comme le serait l'Etat ; 2° l'étendue de sa responsabilité est limitée par celle qu'aurait encourue l'Etat exécutant les travaux par ses agents; si donc les ouvrages sont de ceux que l'Etat aurait pu construire sans être tenu à aucune indemnité, le concessionnaire doit être déchargé de toute responsabilité au regard des tiers à qui ils portent préjudice (2 août 1851, Bocquié, 578 ; Cpr. 11 avril 1848, Mollet-Duboullay, 178).

89. — Il faut maintenant préciser les faits qui feront naître le droit à indemnité. En raison de la complexité du contrat de concession, la responsabilité d'un dommage pourra incomber tantôt au concédant, et tantôt au concessionnaire. De même celui-ci pourra répondre au fait de ses agents en vertu de l'art. 1384 C. civ. Pour étudier l'étendue des obligations du concessionnaire à l'égard des tiers on doit donc examiner: 1° les limites de la responsabilité du concessionnaire et de celle du concédant ; — 2° la responsabilité encourue par le concessionnaire, du fait de certaines personnes.

1° *Limites des responsabilités respectives du concessionnaire et du concédant.*

90. — Quand il s'agit de marchés de travaux publics proprement dits, l'administration répond des faits de l'entrepreneur en vertu de l'art. 1384, C. civ. (C.Et. 9 décembre 1892, canal de Gap, C.Et. Sibourd p. 887). Il n'en est pas de même en matière de concession. En raison de sa situation indépendante à l'égard de l'administration, le concessionnaire n'engage que lui-même ; nous l'avons dit déjà, le concédant ne peut pas être considéré comme le « maître » de l'ouvrage, comme dans un contrat de louage d'ouvrage ou d'industrie. On doit l'envisager comme construisant pour lui-même : à ce titre il répond des dommages causés par l'exécution des travaux.

91. — Il en serait autrement du préjudice subi par un tiers, non plus à raison de l'exécution plus ou moins imparfaite des travaux, mais à raison de leur existence même. Car alors la faute n'incombe plus au concessionnaire : le tort aurait été causé par les travaux, quel qu'eût été l'exécutant ; l'indemnité doit donc être mise à la charge de l'administration ; le conseil d'Etat l'a admis dans l'hypothèse d'une inondation qui avait été le résultat direct de la construction d'un pont (3 sept. 1844, Martin, 566 ; — Cpr. Avril 17 janvier 1861, 33).

92. — En présence de cette jurisprudence, le concédant, voulant se décharger de toute responsabilité, insère souvent dans le cahier des charges une clause aux termes de laquelle le concessionnaire répondra même des dommages causés par l'existence des travaux. En ce cas il devra indemniser les tiers, alors même que la cause de préjudice ne naîtrait qu'après l'expiration de ce contrat, mais par le fait de travaux exécutés en vertu de la concession. Il y a le plus souvent à cet égard une stipulation expresse ; mais en l'absence d'une telle clause nous croyons que telle devrait être la solution de droit commun.

Et, allant plus loin, il faudrait déclarer le concessionnaire responsable des dégâts occasionnés par l'existence des travaux exécutés par le concédant postérieurement à l'expiration de la concession, quand, d'après le contrat, l'exécution aurait dû en être faite par le concessionnaire. (18 nov, 1858, Compagnie du canal de Saint-Quentin, p. 655). Ce dommage en effet est indépendant du mode d'exécution, et tient seulement à l'existence des ouvrages tels que le concessionnaire aurait dû les construire ; s'il l'avait fait, il aurait été responsable d'après le contrat; il ne peut bénéficier de ce qu'il n'a pas exécuté ses engagements.

93. — Mais la clause mettant à la charge du concessionnaire les indemnités qui pourront être dûes à raison de l'existence des travaux, ne vise que les dommages dont on doit réparation en vertu de l'art. 1382 : il ne faudrait pas en étendre les effets au cas où, l'Etat s'étant engagé envers un premier concessionnaire à ne pas accorder de concession concurrente, le fait de consentir une nouvelle concession aurait causé à celui-ci un préjudice. Il n'y aurait plus alors demande de réparation d'une faute délictuelle ayant sa source dans l'existence des travaux ; mais une faute contractuelle de l'Etat dont l'origine serait dans la concession primitive : pour le premier concessionnaire, la demande des dommages-intérêts à raison de l'octroi de la deuxième concession équivaut à exiger l'exécution de son contrat : et de cette exécution l'Etat seul peut-être tenu (C.Et. 16 juillet 1857, Pont de Rognonas, p. 551) Le deuxième concessionnaire pourrait donc opposer une fin de non recevoir à la demande du premier concessionnaire.

On peut concevoir toutefois que, par une clause formelle, l'Etat l'ait rendu responsable même des indemnités qui pourraient être dûes à raison de l'inexécution des conditions de la première concession. Mais cette clause n'intéresse pas le premier concessionnaire ; il pourra la déclarer *res inter alios acta* et intenter une action au concédant, sauf à celui-ci à recourir contre le deuxième concessionnaire.

94. — Cela nous amène à envisager d'une manière générale quelle peut être aux regards des tiers l'effet des clauses modifiant la responsabilité de droit commun du concédant et du concessionnaire. Supposons un tiers lésé non par les conditions d'exécution d'un ouvrage d'utilité publique, mais par le fait seul que cet ouvrage existe : le concédant est responsable, d'après la distinction que nous avons établie. Le tiers s'adresse à l'Etat et lui demande réparation du préjudice ; l'Etat excipe d'une clause du contrat mettant toutes les responsabilités à charge du concessionnaire. *Res inter alios acta*, répond le réclamant. Commencez par m'indemniser, puis recourez, si vous le voulez contre votre cocontractant ; — jusqu'ici tout le monde est d'accord, et donne gain de cause aux tiers lésé.

95. — Mais on fait intervenir au débat des considérations étrangères, et à notre avis, tellement étrangères qu'elles n'ont rien à voir dans notre question. On suppose que la concession ait été autorisée par une loi: alors, dit-on, les tiers sont censés connaître la clause que l'Etat leur oppose, nul n'étant censé ignorer la loi ; donc l'Etat pourra l'invoquer pour se faire mettre hors de cause et les laisser en face du seul concessionnaire.

Nous ne comprenons pas ce que peut valoir ici le principe que la loi est censée connue de tous : la question n'est pas de savoir si la clause a été ou non ignorée des tiers, mais seulement de décider si elle leur est opposable. Ne l'étant pas de droit commun, elle n'aurait pu le devenir qu'en vertu de l'effet « *obligatoire* » de la loi : or quel a été le but de la loi accordant la concession ? uniquement de répartir la responsabilité entre le concessionnaire et le concédant. C'est un acte administratif empruntant la forme législative et laissant entier le droit des tiers. Elle a fixé la *contribution* de l'Etat et du concessionnaire relativement au paiement des indemnités ; elle n'a pas réglé la question « d'*obligation* ». Elle n'a pas voulu dire aux tiers : vous ne pourrez vous faire indemniser que par le concessionnaire ; elle a simplement réparti la charge des indemnités en décidant sur qui les charges retomberaient en définitive.

Ajoutons que non seulement la loi s'est bornée à régler les rapports de l'Etat avec les concessionnaires ; mais que dans bien des cas il lui aurait été impossible de procéder autrement sans forcer l'Etat à manquer à ses engagements : plaçons-nous dans l'hypothèse prévue plus haut : l'Etat s'étant engagé envers un premier concessionnaire et faisant une deuxième concession à un concurrent, le premier concessionnaire lui réclame une indemnité. Ne voit-on pas que l'Etat ne pourrait, sans manquer à son contrat, se dérober en le laissant en face du deuxième concessionnaire, peut-être insolvable, sous prétexte que par une clause du deuxième contrat, celui-ci a pris à sa charge toutes les indemnités qui pourraient être dues.

En somme nous croyons que l'on a confondu deux choses : la question de contribution à l'indemnité et la question d'obligation envers les tiers ; la première seule fait l'objet de disposition législative approuvant des contrats de concession ; et pour les tiers, les clauses modifiant à cet égard les règles normales restent bien *res inter alios acta*.

96. — Nous combattons ainsi la jurisprudence adoptée autrefois par le conseil d'Etat (C. Et. 29 nov. 1855, Belle, 698). La jurisprudence actuelle, sans être conforme à la doctrine que nous soutenons, et tout en partant du principe que la clause sanctionnée par une loi est opposable aux tiers, admet toutefois un recours des tiers contre le concédant dans le cas où le concessionnaire serait insolvable (C. Et. 16 mai 1872, ville de Meaux, 358, Cpr. 9 mai 1879, p. 381. Compagnie générale des canaux). Ce sont là des solutions d'équité répondant à la crainte que nous exprimions de voir les tiers privés d'un recours effectif par suite d'un contrat auxquel ils n'ont pas pris part. Cependant elles vont à l'encontre des principes ; lorsque, de droit commun, l'Etat est responsable, il doit répondre en première ligne à l'égard des tiers.

97. — Nous avons distingué, pour déterminer les

limites de la responsabilité du concessionnaire et du concédant, selon qu'il s'agit d'un dommage tenant à l'exécution des ouvrages, ou du préjudice causé par leur existence même. Une autre hypothèse peut se présenter : il arrive fréquemment que l'Etat se charge de la construction d'une partie des ouvrages, qu'il remet tout prêts pour l'exploitation au concessionnaire. Celui-ci répondra-t-il des dommages causés aux tiers par l'exécution faite par l'Etat ?

Parfois une clause expresse porte que l'Etat est déchargé de toute garantie après un certain délai, et que sa responsabilité ne peut s'étendre au dela de la garantie matérielle des travaux. En ce cas, la question est tranchée dans les rapports entre le concédant et le concessionnaire : celui-ci devra supporter le paiement de l'indemnité. — Mais en vertu du principe admis plus haut, la clause n'étant pas opposable aux tiers, il reste à se demander si ceux-ci n'ont pas recours contre l'Etat. Oui, si de droit commun, en l'absence d'une clause, l'Etat devrait être déclaré resposable, — non, dans le cas contraire.

On a soutenu que par la remise des ouvrages exécutés par lui, l'Etat se déchargerait sur la compagnie de la responsabilité lui incombant à raison de leur exécution ; que les indemnités à payer étaient une charge de la jouissance, et que par la réception définitive le concessionnaire s'était substitué au concédant (Christophle, n. 1526). — Nous ne pouvons partager cette opinion. D'abord nous nions que le paiement des indemnités pour dommages tenant à l'exécution rentre dans les charges de la jouissance : celles-ci ne doivent comprendre que les dépenses normales d'entretien. Ensuite il y a eu de la part de l'Etat une faute personnelle. Il a exécuté l'ouvrage sur des plans défectueux ou sans prendre des précautions suffisantes ; à lui la responsabilité. Quant à l'idée de substitution du concessionnaire dans les obligations du concédant, on en fait un étrange abus : par cette substitution, le concessionnaire sera tenu comme le serait le concédant s'il exécutait : mais seulement quand lui, concessionnaire, aura exécuté. On ne peut le rendre responsable d'une faute qu'il n'a pas commise (C. Et. 6 déc. 1889 p. 1136. Cpr. cependant : C. Et. 30 juillet 1857 Brienne, 8, 31 ; 28 novembre 1866. P. L. M. c. Bochet p. 856).

98. — On avait tenté de pousser encore plus loin l'idée de substitution du concessionnaire dans les obligations d'autrui : on avait émis la prétention de le rendre responsable du préjudice causé à un tiers par l'exécution des travaux faits par un précédent concessionnaire : une ligne d'intérêt local avait été cédé à l'Etat, libre de toutes charges, et avait fait ensuite l'objet d'une concession à une compagnie : le conseil d'Etat a jugé avec raison qu'elle ne pouvait pas être déclarée responsable du dommage occasionné par les travaux de la compagnie primitive « attendu qu'il n'existait entre les deux compagnies aucun lien de droit » (29 avril 1892 p. 420).

99. — Il peut arriver qu'un dommage soit causé à la fois par la faute du concessionnaire, et par la faute du concédant. En ce cas, lequel actionner ? Il faut distinguer selon que le quasi-délit incombe à tous deux sans qu'on puisse assigner à chacun sa part de responsabilité, ou selon que la responsabilité se divise entre eux. Au premier cas, le tiers a le droit d'assigner le concédant ou le concessionnaire, à son choix, ou de les mettre en cause solidairement, en raison de la solidarité existant entre les coauteurs d'un quasi-délit (C. Et., 7 mai 1863, p. 426). Dans le second cas il ne pourra assigner chacun d'eux qu'en paiement de l'indemnité qu'il pourra devoir en raison de sa faute personnelle (C. Et. 8 décembre 1853 *Ruillé*).

2° *Responsabilité encourue par le concessionnaire à raison du fait de certaines personnes.*

100. — C'est la responsabité de l'art. 384 C. civ. Le concessionnaire répond du fait de ses ouvriers et de ses sous-traitants. La jurisprudence offre de nombreuses applications de cette règle. Mais c'est là un principe d'ordre général qui ne se rattache pas d'une manière spéciale au contrat de concession. Que le maître soit un concessionnaire, ou un simple entrepreneur, ou une personne quelconque, les conséquences en sont toujours les mêmes. L'étude qu'on en pourrait faire, et qui serait en soi intéressante, ne rentre donc pas dans le cadre que nous nous sommes proposé (Consulter : C. Et 13 septembre 1855, Ch. de f. P. L. M. p. 727 ; — 10 octobre 1825, Magne, p. 602 ; 29 décembre 1858, Lacour, p. 772. — 16 avril 1863. ch. de f. d'Orléans, p. 386 ; — 7 mai 1863 Monnin. p. 426 ; — 22 janvier 1875, Pichard, 71).

CHAPITRE VII.

DES DROITS DES CONCESSIONNAIRES.

101. — Les droits des concessionnaires s'analysent en ces trois termes :

1° Droits à l'égard du concédant.

2° Droits à l'égard des tiers.

3° Droits relatifs aux choses comprises dans le contrat de concession.

Section I. — *Droits à l'égard du concédant.*

102. — Parmi ces droits, il en est qui sont indépendants de la concession proprement dite de travaux publics : ce sont ceux qui résultent des conventions financières ; d'autres, bien que touchant plus directement à l'exécution de travaux, ne sont cependant que la conséquence de clauses particulières ; enfin, — et c'est là l'objet principal de cette étude, — il faudra examiner si, du contrat de concession, ne naissent pas certains droits en faveur du concessionnaire, notamment si la concession n'implique pas de la part du concédant l'obligation de ne rien faire qui entrave l'exploitation du concessionnaire ; et, si cette obligation existe, il conviendra d'en définir l'étendue et les limites.

1° *Droits résultant de conventions financières.*

103. — Nous nous bornons à une simple indication. Les conventions sont à cet égard essentiellement variables, Les clauses les plus usitées sont celles aux termes desquelles le concédant promet au concessionnaire une subvention ; et surtout celles connues sous le nom de clause de garantie d'intérêts, par lesquelles l'Etat s'engage à garantir au concessionnaire ou aux porteurs d'actions des compagnies concessionnaires, un minimum de bénéfices. Le mécanisme des garanties d'intérêts est une matière des plus intéressantes, et a donné lieu à des débats d'une haute importance ; mais l'examen n'en rentre pas dans le cadre d'un travail qui n'a pour objet que l'étude générale du contrat de concession.

Il en est de même des conventions financières touchant au rachat des concessions ; nous aurons, en traitant de la fin de la concession, à étudier la question du rachat. Mais les droits d'ordre financier qui naissent du rachat étant du domaine exclusif de la convention, nous n'aurons pas à nous y arrêter.

2° *Droits touchant à l'exécution des travaux.*

104. — Nous avons eu à dire incidemment que le concessionnaire n'était pas toujours tenu de la confection intégrale des travaux, que le concédant se chargeait parfois de la construction de certains ouvrages. Par exemple, d'après la loi du 11 juin 1842, l'Etat doit acquérir les terrains et exécuter les terrassements et ouvrages d'art (V. les Conv. avec les Compagnies du Nord et du Midi, approuvées par les lois du 10 août 1868 et du 22 mai 1869). En ce cas, l'Etat devra garantir la bonne exécution des travaux dont il a été chargé. Nous voyons là se manifester la complexité du contrat en concession : quand l'Etat passe un simple marché de travaux publics, nous distinguons nettement deux personnes : un entrepreneur, qui exécute, et un maître pour qui on exécute. Ici, par un renversement des rôles, nous voyons celui qui ordonne le travail devenir exécutant pour une partie de ce travail ; et pour qui ? Pour celui à qui incombe l'obligation générale de construire. L'Etat, pour les travaux dont il est chargé, ne sera plus qu'un entrepreneur ; il devra en faire remise à la compagnie dans les délais convenus. Et comme un entrepreneur, il devra garantie des ouvrages exécutés.

D'après la loi de 1842 et les conventions de 1868 et de 1869, le délai de garantie est limité à un an ou deux ans depuis la livraison, selon qu'il s'agit des terrassements ou des ouvrages d'art. A ce point de vue, il faut admettre une différence entre l'Etat et les entrepreneurs ordinaires. Le cahier des clauses et conditions générales, pour les entrepreneurs, fixe un délai de garantie de 6 mois : la jurisprudence admet que cette disposition ne fait pas obstacle à la responsabilité de droit commun de l'entrepreneur au cas où une malfaçon viendrait à être découverte ; la raison de décider ainsi, c'est que le délai de garantie n'a pour but que de fixer un délai, passé lequel le cautionnement ne pourra plus être retenu. Une telle interprétation ne saurait se concevoir en notre matière, puisqu'il n'y est pas question de cautionnement. Il faut en conclure que, lorsque l'Etat a stipulé un certain délai de garantie, après l'expiration de ce délai il ne peut plus être recherché pour les défauts de construction qui se manifesteraient dans les ouvrages par lui livrés. (C. Et. 28 novembre 1861, Ch. de f. P.-L.-M. p. 856).

En l'absence d'une clause limitant son obligation de garantie, il y aurait lieu de lui appliquer les règles générales de la garantie décennale (C. Et. 8 mai 1861. Ch. de f. P.-L.-M. p. 361).

3° *Droits tenant à l'exploitation.*

105. — Le concessionnaire jouit dans son exploitation d'une indépendance absolue ; en ce sens du moins qu'il n'est exposé à recevoir aucun ordre de l'autorité concédante. Si celle-ci soulève une difficulté touchant l'interprétation du contrat, ce sera à la justice de prononcer. Mais elle n'a pas à s'immiscer dans la direction de l'exploitation (C. Et. 29 juin 1844, p. 401 ; Comm. de Villers-le-Lac ; — 18 nov. 1853, Compagnie des canaux d'Orléans, p. 962 ; — 26 juillet 1854, Molboz, p. 704 ; — 30 juillet 1857, Compagnie du pont de Cubzac, p. 630).

106. — Mais n'y a-t-il pas quelque chose de plus, et du contrat de concession ne résulte-t-il pas, à la charge du concédant, l'obligation de ne rien faire qui risque d'entraver l'exploitation du concessionnaire ou de la rendre moins productive, par exemple en accordant des concessions concurrentes ? En un mot l'octroi, d'une concession équivaut-elle à une sorte de monopole dont l'Etat concédant devrait respecter l'exercice ?

Le principe à poser en cette matière est que le concessionnaire étant substitué au concédant, celui-ci, d'une part, a dû lui transmettre le droit d'exploitation tel que lui-même l'aurait exercé; mais que, d'autre part, il ne lui a pas transmis d'avantage.

107. — Il lui a transmis tous ses droits. Donc s'il s'agit d'un service dont l'Etat aurait eu le monopole, il faut interdire d'une façon absolue à l'Etat d'autoriser une exploitation concurrente. Il en serait ainsi de la concession des services téléphoniques. L'exploitation du réseau téléphonique est pour l'Etat un monopole en vertu de la loi du 8 mai 1837 et du décret loi du 27 décembre 1851, qui reconnaissent le monopole absolu de l'Etat pour les transmissions de signaux à distance. Si, lorsque l'exploitation des téléphones était soumis aux régimes des concessions, l'Etat après avoir fait une première concession, en avait fait une deuxième à une société concurrente, nous pensons qu'il aurait dû, sans contestation possible, être condamné à indemniser le concessionnaire primitif ; il avait institué la première compagnie dans tous ses droits ; il lui avait donc conféré un véritable monopole.

108. — Mais la question sera plus délicate quand il ne s'agira plus d'un service dont le monopole est réservé à l'Etat. Une jurisprudence constante décide que l'autorité administrative ne peut pas l'ériger en monopole. De nombreux arrêts ont été rendus en ce sens à propos des concessions faites par les villes pour l'éclairage des particuliers par le gaz, (11 janvier 1895, p. 21 ; — 2 février 1893 ; p. 84 ; — 29 mars 1895, p. 293; 8 février 1895, p. 126). Aussi faut-il décider qu'en principe rien n'interdit au concédant d'accorder une deuxième concession concurrente de la première. Il ne faut pas oublier en effet que l'autorité concédante représente avant tous les intérêts généraux, sur lesquels elle a mission de veiller. Si, après avoir concédé une voie de communication, le besoin de la circulation exige la création d'une nouvelle voie, elle doit faire procéder aux travaux nécessaires soit par ses agents, soit par un nouveau concessionnaire. Cette solution, toute de principe, est celle à laquelle s'est depuis longtemps arrêtée la jurisprudence. Ainsi il a été jugé que la commune, après avoir concédé un pont à péage, pouvait accorder la concession d'un second dans le voisinage du premier (C. Et. 8 août 1840, p. 293 ; — 31 juillet 1843, p. 395; — 30 mars 1846, p. 24).

109. — Nous disons que c'est là une solution de principe, ayant seulement pour but d'affirmer que l'acte de concession en lui-même ne confère pas au bénéficiaire une sorte de monopole de fait, à défaut d'un monopole de droit. Mais il faut tempérer ce principe par la règle que les contrats s'exécutent de bonne foi, et que les conventions obligent non seulement à ce qui y est exprimé, mais encore à toutes les suites que l'équité, l'usage ou la loi donnent à l'obligation d'après sa nature (art. 1135, C. civ.). Il ne faudrait donc pas permettre l'octroi d'une deuxième concession quand le but serait de rendre la première moins productive. Dans l'hypothèse du pont à péage, si rien ne s'oppose à la création d'un nouveau pont quand cette création répond à des besoins nouveaux de la circulation, du moins la commune ne peut-elle pas autoriser la construction d'un pont dans l'unique intention de soustraire certaines personnes à l'obligation d'user du pont antérieurement concédé. Cette solution a été consacrée notamment par un arrêt en date du 12 novembre, à propos de l'établissement d'un bac ayant pour but, non de desservir une voie nouvelle, mais de permettre aux ouvriers d'une usine d'échapper au péage d'un pont ayant fait précédemment l'objet d'une concession (Lanthier, 1880, p. 871). Cpr. c. Et., 12 mars 1875, p. 257, Société des ponts Saint-Marcel).

110. — Au reste, les contrats de concession prévoient assez ordinairement l'hypothèse d'une concession concurrente, soit pour la prohiber, soit au contraire pour la réserver au profit du concédant. Une clause réglant la question est réservée notamment dans les concessions d'éclairage au gaz faites par les villes à des compagnies. La ville s'interdit généralement de favoriser une entreprise concurrente en lui accordant des permissions de voirie sur le domaine public communal.

Mais sur la portée de cette clause on est loin d'être d'accord, et depuis l'extension de l'éclairage électrique, elle a donné lieu à de nombreux procès : l'interdiction faite à la ville lorsqu'elle a fait la concession de l'éclairage au gaz l'empêche-t-elle d'accorder une concession ayant pour objet l'éclairage par l'électricité ? Pure question de fait. (Observons que la jurisprudence tend à la trancher en faveur du premier concessionnaire : cela tient à ce que, dans la plupart des concessions d'éclairage, une clause stipule que le concessionnaire fera profiter la ville de tous les progrès apportés par la science pour l'éclairage des particuliers ; dans sa généralité, cette stipulation semble bien comporter que le concessionnaire aura la concession de l'éclairage, quel que soit le procédé à employer pour le procurer (Cpr. trois arrêts C. d'Et. 8 mars 1898, p. 217, avec les conclusions de M. le commissaire du gouvernement Saint-Paul ; — 25 décembre 1891, p. 989, avec les conclusions de M. le commissaire du gouvernement Valabrègue ; — 8 février 1895, p. 126 ; 29 mars 1895, p. 293).

Nous croyons qu'en l'absence d'une clause semblable, il y aura à examiner dans chaque hypothèse quelle a été l'intention des parties, à peser les termes du contrat; et l'on ne pourra rendre que des solutions d'espèce; il serait impossible de donner à ce sujet une formule générale.

111. — Si des clauses interdisent fréquemment au concédant de favoriser ces entreprises concurrentes, il en est qui au contraire lui réservent cette faculté : notamment dans les traités concernant l'éclairage au gaz, les communes insèrent parfois un article par lequel elles stipulent pour elles le droit d'accorder une autre concession, au cas de découverte d'un mode d'éclairage autre que le gaz (C. Et. 11 janvier 1895, p. 21). Alors, la clause vaut non seulement à l'égard du concessionnaire, mais encore à l'égard de celui que le concessionnaire se serait substitué par une rétrocession : il n'a fait en effet que prendre la place du concessionnaire, et il doit subir la loi du contrat, tel qu'il avait été premièrement consenti (C. Et. 27 juin 1890, p. 623).

112. — Le concédant doit s'abstenir de faire grief au concessionnaire dans l'exploitation des ouvrages concédés. Mais là se borne son obligation. Il ne saurait être rendu responsable du trouble apporté à cette exploitation par des faits qui ne lui seraient pas imputables. Par exemple, une commune qui a concédé à une compagnie le droit exclusif de fournir l'éclairage du gaz et qui s'est interdit d'autoriser aucune concession concurrente n'est pas responsable de ce que l'administration supérieure a autorisé l'établissement, sur des voies dépendant de la grande voirie, d'appareils destinés à fournir la lumière électrique à des particuliers (C. Et. 22 juin 1888, p. 544, ville de Tullins). D'ailleurs l'obligation de ne pas favoriser d'entreprise concurrente est toute personnelle au concédant proprement dit, et l'Etat, pour avoir simplement déclaré l'utilité publique d'une concession de travaux départementaux, ne saurait être recherché par le concessionnaire pour le trouble apporté dans son exploitation par l'octroi d'une autre concession. En effet, en cette hypothèse, l'Etat s'était borné à autoriser la concession ; ce n'était pas lui qui l'avait accordée, mais le département : il n'avait donc pas été partie au contrat (C. Et. 13 janvier 1893).

113. — Quoi qu'il en soit, il ressort de toutes ces explications que, si le concessionnaire n'a pas un monopole de droit sur le service public qui a fait l'objet de la concession, du moins il jouit ordinairement d'un monopole de fait, soit en raison des règles générales de bonne foi interdisant au concédant d'autoriser des entreprises concurrentes, soit en vertu d'une clause expresse édictant à cet égard une prohibition formelle.

On a essayé de retourner cette idée contre les concessionnaires, et on a prétendu que s'ils avaient le privilège de leur exploitation, du moins ils ne pouvaient exercer une autre industrie similaire. La question s'est présentée dans l'espèce suivante : une Compagnie ayant obtenu la concession d'un chemin de fer, avait monté, parallèlement au chemin de fer, une entreprise de transports destinée à étouffer toute concurrence pour les communications entre les points qu'elle desservait. Réclamations des concurrents qui se prétendent lésés : à elle, disent-ils, les transports par chemin de fer; à nous les entreprises ordinaires de transports.

Une telle prétention n'avait aucune chance d'aboutir : on conçoit bien que de l'octroi d'une concession puisse résulter pour le concédant l'obligation de ne pas favoriser la concurrence ; mais, à l'inverse, on ne voit pas comment on pourrait en faire découler une restriction à la liberté du travail à l'encontre du concessionnaire. Il y a, semble-t-il, un privilège choquant dans le fait de permettre à une Compagnie puissante possédant déjà un privilège pour le transport par chemin de fer, d'annihiler toute tentative de concurrence pour l'exploitation des autres voies de communication. La liberté du commerce semble se retourner contre son but, qui est de favoriser la concurrence : car après la chute des entreprises rivales, la Compagnie concessionnaire jouira d'un monopole absolu, au détriment du public. Malgré ces considérations d'ordre exclusivement économique, nous pensons que la Compagnie de chemin de fer était dans son droit pour cette raison que rien n'était venu restreindre sa liberté, et que la jouissance d'un monopole de fait à l'égard d'une entreprise n'entraîne pas la prohibition de se livrer à une entreprise similaire (Cass. 8 juillet 1852, S. 52, I, 713).

SECTION II. — *Droits des concessionnaires à l'égard des tiers.*

114. — Ces droits ont trait : 1° à la période de construction : 2° à la période d'exploitation.

1° *Droits ayant trait a la période de construction*

115. — En vertu du principe qu'il est substitué à l'Etat en ce qui concerne l'exécution et l'exploitation des travaux publics, le concessionnaire est doté de véritables droits de puissance publique à l'égard des tiers. C'est ainsi que la loi de 1841 dans son art. 63, lui reconnaît le droit de recourir à l'expropriation d'utilité publique.

116. — Il y a lieu de reconnaître également aux concessionnaires le droit d'extraction de matériaux dans les propriétés privées. Il est donné expressément aux Compagnies de chemin de fer par la loi du 15 juillet 1845, art. 3. Mais ces dispositions étant l'application du droit commun, il faut en étendre la portée à tous les concessionnaires de travaux publics. Il en est de même de l'occupation temporaire.

Les travaux exécutés par les concessionnaires ont le caractère de travaux publics quand ils se rattachent aux nécessités de l'exploitation. Ainsi sont des travaux publics, les travaux destinés à l'adduction de l'eau pour alimenter les machines (jurisprudence constante); — les travaux d'établissement et d'entretien le long de la voie ferrée; — ceux qui ont pour but la construction d'un dépôt de charbon, etc.

2° *Droits ayant trait à l'exploitation.*

117. — Ces droits se ramènent à deux :

a) Droit de police.

b) Droit de percevoir des péages.

118. — *a*) *Police.* — Armés pour la construction des ouvrages, les concessionnaires le sont également pour leur exploitation. Les cahiers des charges leur donnent toujours des droits de police très étendus. Ces dispositions sont loin d'avoir le caractère d'exception, et en l'absence de clauses expresses, ce droit de police résulterait de la nature même du contrat de concession ; le concédant devant laisser entière liberté au concessionnaire, à celui-ci seul devait appartenir d'assurer le bon fonctionnement des services. Il le fait en vertu de la délégation de puissance publique qui résulte du contrat de concession. A cet effet, les Compagnies de chemins de fer ont des agents assermentés, chargés de dresser des procès-verbaux quand ils constatent des contraventions relatives à la grande voirie.

119. — Cependant là se borne le rôle du concessionnaire. Ils constatent le fait et le dénoncent. Mais il n'a pas le pouvoir de poursuivre les contrevenants devant le Conseil de préfecture. Le droit de demander la répression n'appartient qu'à l'administration, aux termes de l'art. 1er de la loi du 29 floréal an X, portant que les « contraventions seront poursuivies administrativement ». En l'absence d'une clause expresse dérogeant à cette règle, on ne peut pas admettre que la délégation des droits de police résultant d'une conclusion comprenne celle de l'exercice de l'action publique. La jurisprudence a constamment consacré cette doctrine, en donnant même une conséquence favorable aux concessionnaires : c'est ainsi que le conseil d'Etat a décidé qu'une Compagnie de chemin de fer, n'étant pas partie au procès intenté pour la répression d'une contravention, les frais ne pouvaient pas être mis à sa charge (C. Et. 23 mars 1888, Ch. de f. d'Orléans

p. 322; Cpr. 17 novembre 1876, Min. des travaux publics, p. 867 ; 23 juin 1882, Min. des travaux publics, p. 616 ; avec les conclusions de M. le commissaire du gouvernement Le Vavasseur de Précourt ; 28 mars 1890, p. 381).

120. — Nous avons réservé le cas où une clause formelle aurait été insérée dans la concession, comme dans celles du canal de Briare, et des canaux d'Orléans et du Loing (V.C. Et. 25 mars 1852, compagnie du canal de Briare p. 60). Alors le concessionnaire aurait naturellement le droit, non seulement de constater la contravention, mais encore d'en saisir le conseil de préfecture.

121. — b) *Droit de percevoir des péages.* — Le droit le plus important que confère en général la concession à l'encontre des tiers, c'est celui de percevoir des péages sur les particuliers qui tirent de l'ouvrage une utilité. Nous avons établi qu'à notre sens, ce droit ne constituait pas la caractéristique du contrat de concession. Cependant, si la clause qui l'accorde au concessionnaire n'est pas un élément essentiel du contrat, elle en est tout au moins un élément ordinaire. A ce titre, il nous faut examiner ce qu'est ce droit, en nous en tenant, conformément au but que nous nous sommes proposé, aux généralités, et en laissant de côté les formes variées que peuvent affecter les péages, et qui sont du domaine de la convention.

122. — Les tarifs sont arrêtés par l'administration. Le droit commun en la matière est le droit qui régit les concessions de chemin de fer d'intérêt général. L'ordonnance du 15 novembre 1849 décide qu'aucune taxe ne sera perçue qu'en vertu d'une homologation du ministre des travaux publics. Il y aura lieu en outre de porter les tarifs à la connaissance du public par voie d'affiches Les modifications apportées aux tarifs seront soumises aux mêmes formalités.

123. — Les tarifs une fois homologués et publiés sont obligatoires, pour ou contre le concessionnaire. S'il est entrepreneur de transports, comme le sont les compagnies de chemin de fer, il ne pourra pas faire à des particuliers des conditions plus avantageuses que celles portées au tarif. Les prix ne sont pas soumis à la loi de l'offre et de la demande comme s'il était un entrepreneur de transports ordinaire : la seule loi à laquelle il doive se reporter c'est celle de son cahier de charges. Et si le concessionnaire avait lésé un industriel en favorisant ses concurrents pour le transport des marchandises, il devrait l'indemniser pour le préjudice causé (Cass. civ. 7 juillet 1852, D. 52. 1. 204).

124. — Les tarifs homologués et affichés sont réputés connus de tous. Peu importe l'erreur commise pour la perception de la redevance : il y a lieu seulement à réparation, sans que l'on puisse rechercher à qui incombe l'erreur pour fonder une demande en dommages-intérêts : si un employé de chemins de fer a donné un faux renseignement à un expéditeur et l'a forcé à faire un débours plus considérable qu'il ne devait, celui-ci n'a droit qu'à la restitution de la somme qu'il a payée en trop, sans pouvoir réclamer d'indemnité : il devait connaître le tarif (Cass. civ. 16 mars 1869, D. 69. 1. 184).

125. — Ces observations nous amènent à nous demander quelle est la nature du tarif. Une théorie consacrée anciennement par le tribunal des conflits et par la Cour de cassation s'attachait à la forme de l'acte qui avait accordé la concession : ayant à trancher une question de compétence à propos de l'application des tarifs, le tribunal des conflits avait attribué compétence à l'autorité judiciaire parce que le cahier des charges, annexé de la loi de concession devait être considéré comme une disposition législative, — (Confl. 3 janvier 1851, chemin de fer d'Amiens à Boulogne. — Cass. 5 février 1861 D. 63, 1, 364). M. Aucoc a dirigé contre cette doctrine de vives critiques : pour donner compétence aux tribunaux judiciaires il n'est pas besoin selon lui, de faire participer les tarifs du caractère législatif de l'acte de concession : dans le cas où le législateur intervient pour accorder une concession, l'acte n'en est pas moins au fond un acte administratif ; et d'ailleurs pour les concessions, accordées par simple décret on doit bien admettre encore la compétence judiciaire à l'égard de l'application des tarifs. Et l'éminent auteur fonde la compétence judiciaire sur l'assimilation de la perception faite en vertu des tarifs à celle des contributions indirectes (Aucoc., Conf. III. p. 364). — Nous croyons en effet qu'il ne faut pas s'attacher à la forme de l'acte ; loi ou decret, il a toujours le même effet et la même portée. Il s'impose à tous ceux qui profitent du travail et ils émanent de la puissance publique qui leur donne l'homologation : à ce titre si ce ne sont pas des lois, on peut dire que ce sont au moins des actes de législation secondaire.

SECTION III. — *Droits du concessionnaire sur les ouvrages.*

126. — De quelle nature sont ces droits ? La question s'est posée à propos des chemins compris dans la concession, notamment en matière de chemins de fer : le concessionnaire a-t-il sur les lignes un véritable droit de propriété : et, s'il ne peut être ainsi défini, qu'est donc son droit ? La controverse a été vive surtout à propos des anciennes concessions, faites à perpétuité, et dans lesquelles le concessionnaire est qualifié de propriétaire. Mettons à part ces concessions et occupons-nous d'abord des concessions temporaires.

127. — Les tribunaux ont eu à prendre parti à l'occasion de l'établissement d'une redevance sur les biens de mainmorte. Les Compagnies de chemins de fer devaient-elles payer l'impôt ? Oui, disait le ministre, car vous êtes propriétaires ; non répliquaient les Compagnies, nous avons sur les chemins un droit qui est peut-être un droit d'usage très étendu, mais qui n'est pas, et ne peut pas être un droit de propriété.

Les compagnies triomphèrent, et à juste titre. En fait, la domanialité des voies ferrées a été proclamée par la loi de 1845 qui classe dans la grande voirie les chemins de fer construits ou concédés par l'Etat. Mais même en l'absence d'un texte consacrant le principe, il y aurait lieu d'admettre la même règle comme application des idées générales du droit public. Comme le dit M. Picard, alors même qu'il n'y aurait pas de texte tel que celui de la loi de 1845, alors même qu'on ne voudrait pas admettre la corrélation admise par la majorité des auteurs entre ce texte et la domanialité publique des chemins de fer, cette domanialité ne s'en imposerait pas moins par la nature même des voies ferrées, qui sont affectées à l'usage du public, qui sont nécessairement indisponibles, imprescriptibles et insaisissables, et qui réunissent tous les caractères distinctifs du domaine public.

Qu'importe après cela que des lois particulières soient venus autoriser les Compagnies à hypothéquer les chemins de fer : il ne faut y voir que des exceptions fondées sur des nécessités pratiques ; on ne peut pas conclure de là à un droit de propriété en faveur des Compagnies. Il n'y a à établir aucune corrélation entre un tel droit et la faculté accordée à certaines Compagnies d'hypothéquer le chemin de fer pour sûreté d'un emprunt. Un simple rapprochement de dates le prouverait d'ailleurs : S'il avait été besoin de proclamer la domanialité de chemins de fer, nous avons dit que la loi de 1845 l'aurait fait de la manière la plus nette. Donc depuis cette époque il est impossible de prétendre que les compagnies de chemins de fer ont la propriété des lignes ; et cependant, postérieurement, nous voyons encore des lois spéciales autoriser une constitution d'hypothèques sur certaines lignes, par exemple la loi du 19 août 1847 autorisant un prêt à la compagnie de

Montereau à Troyes. Qu'est-ce à dire dire,sinon que le droit d'hypothéquer la voie ferrée n'implique pas un droit de propriété au profit du concessionnaire.

128. — On a voulu du moins reconnaître au droit du concessionnaire le caractère d'un droit réel, on s'efforce alors dans ce droit de distinguer deux choses : une sorte de droit supérieur de propriété qui serait inaliénable et resterait toujours compris dans le domaine public, et un droit de propriété utile qui comprendrait tous les revenus utiles de la concession : « Les concessionnaires, quant à ces revenus utiles, seraient *loco domini* : ils exerceraient tous les droits du maître, soit à perpétuité si la concession est perpétuelle, soit à temps si elle est temporaire ». On espère concilier ainsi le principe de la domanialité publique avec la faculté donnée aux concessionnaires de conférer par une hypothèque un droit réel sur la voie ferrée.

Nous pensons avec la jurisprudence et la majorité des auteurs que le droit du domaine public est absolu et qu'il ne peut comporter aucune espèce de démembrement d'un droit réel : le domaine public est inaliénable ; accorder sur une de ses dépendances un droit réel immobilier à un particulier serait porter atteinte à cette inaliénabilité. La cour de Cassation a admis cette doctrine dans un arrêt du 15 mai 1861, en décidant que le droit des Compagnies limité « aux produits des chemins de fer, distinct de la propriété de ce chemin de fer immédiatement acquise à l'Etat, ne participe pas de la nature immobilière de cette propriété ; qu'ainsi les droits des Compagnies sont purement mobiliers. » (Sir. 61, 1, 888). Elle a dans la suite consacré plusieurs fois cette jurisprudence (Civ. 20 juillet 1886. Sir. 87, I, 332).

129. — On fait généralement une place à part, au point de vue qui nous occupe, aux anciennes concessions faites à perpétuité, et qui semblent abandonner au concessionnaire la propriété de l'objet de la concession. Il y a en effet des actes de concession qui stipulent le droit de propriété au profit du concessionnaire. Et les décisions de jurisprudence ont dû consacrer les conventions particulières intervenues à cet égard (C. Et. 30 décembre 1858; canal de Givors, p. 787 ; 10 avril 1860, canal de Midi, p. 292 ; 31 mars 1863, canal du Lez, p. 316). Nous verrons d'ailleurs que, pour l'application du droit de mainmorte, la jurisprudence, peu logique avec elle-même, n'ose pas tirer du droit de propriété reconnu aux concessionnaires toutes ses conséquences.

Cependant nous ne pensons pas que la seule perpétuité puisse constituer une preuve suffisante du droit de propriété. Ceux qui veulent voir dans les concessions perpétuelles un abandon de la propriété au profit des concessionnaires analysent le droit de ceux-ci en un droit de propriété grevé d'une servitude perpétuelle qui serait l'obligation d'affecter à perpétuité les chemins au service public. C'est là une conception trop étrange pour qu'il faille en étendre l'application : car, de droit commun, le droit de propriété comporte de celui de disposer de la chose ; or la clause d'affectation spéciale et perpétuelle va précisément à l'encontre de cet élément essentiel du droit de propriété.

130. — Pour mettre d'accord des principes qui semblent se contrarier, à savoir l'inaliénabilité du domaine public et les concessions permettant à un particulier d'exploiter une partie de ce domaine, il faut faire appel à des idées toutes différentes : il faut en quelque sorte changer le point de vue sous lequel on considère en général les concessions de travaux publics. Ce qui est concédé, ce n'est pas un droit sur les ouvrages, droit temporaire ou perpétuel, c'est le droit de pourvoir à un service public : il est donc inexact, en parlant des lignes de chemins de fer, de les représenter comme l'*objet* de la concession. Le concessionnaire n'aura de droit sur les dépendances du domaine public que dans les limites où il aura besoin d'en faire usage pour son exploitation : si nous supposons un service public comportant l'usage du domaine public, mais un usage qui n'empêche pas les personnnes autres que le concessionnaire d'en faire également usage, nul ne pensera à chercher si celui-ci a sur le le domaine un droit de propriété ou un droit réel. Si, par exemple, il s'agit d'une concession de tramways, le concessionnaire n'a sur la voie publique que les droits nécessaires à assurer le service, tels que celui d'exiger des voitures particulières le passage libre sur la voie ferrée. Il se trouve, au contraire, qu'à raison de la nature de l'exploitation. les chemins de fer sont réservés à l'exploitation exclusive des Compagnies concessionnaires : mais ce n'est là qu'une question de plus ou de moins. L'Etat en concédant à une compagnie le service des communications par chemin de fer a dû lui assurer les moyens d'y pourvoir : la concession est-elle temporaire, il devra lui abandonner la circulation exclusive sur la voie jusqu'à son expiration ; est-elle perpétuelle : il sera soumis à la même obligation qui alors deviendra perpétuelle. Mais ce que nous tenons a bien marquer, c'est que perpétuité n'implique pas propriété.

131. — En résumé voici à quoi nous arrivons :

1° Les principes de notre droit moderne s'opposent à la reconnaissance d'un droit de propriété sur les ouvrages, au profit du concessionnaire.

2° Le concessionnaire n'a d'ailleurs sur ces ouvrages aucun droit réel immobilier.

3° En dehors de quelques concessions très anciennes dans lesquelles la propriété paraît avoir été formellement reconnue aux concessionnaires, les concessions perpétuelles n'impliquent pas à leur profit un droit de propriété.

132. — Mais ces solutions sont des solutions négatives. Il reste à indiquer quelle conception on peut se faire du droit de concessionnaire. Avant de préciser, nous tenons à dire que nous ne chercherons pas à faire rentrer de toute force ce droit dans une catégorie de droits déjà connue. La science juridique n'est pas faite d'étiquettes sous lesquelles on doive ranger uniformément tous les liens de droit qui unissent les parties. On a déjà constaté que la concession de travaux publics offrait des caractères d'une grande complexité, qui empêchaient de la classer parmi les contrats dénommés à l'avance ; il est donc naturel que les droits qui en découlent soient des droits *sui generis*, qui ne s'identifient avec aucun autre droit. Tout au plus peut-on découvrir quelques analogies.

Nous avons dit incidemment que le droit du concessionnaire était un droit purement mobilier. C'est le droit de percevoir les péages à l'occasion de son exploitation. Sa situation à l'égard des dépendances du domaine public, est semblable à celle du possesseur précaire en droit romain, le domaine public sur lequel il exerce son exploitation ne pouvant pas lui appartenir. L'administration n'a pu lui conférer de droit réel, mais elle a pu convenir qu'elle ne s'opposerait pas à son exploitation en lui retirant, l'usage de ces dépendances. Il y a entre l'Etat et le concessionnaire un simple lien personnel, celui-là s'étant engagé envers celui-ci à le laisser user, parfois à l'exclusion de tous autres, de certaines parties du domaine public. Alors l'administration s'interdit de révoquer pendant un certain temps la concession, ou du moins s'engage, en cas de révocation anticipée, à payer une indemnité, ce qui constitue la clause de rachat. Au fond, la situation du concessionnaire de travaux publics reste ce qu'elle est dans les concessions précaires faites sur le domaine public. Il est possesseur précaire, mais non pas dans le sens du Code civil, qui appelle ainsi celui qui possède pour autrui, tel que l'usufruitier ou le fermier. Le vice de la possession de ces derniers existe à l'égard de tous, au lieu que la possession du concessionnaire n'est vicieuse qu'au regard du concédant. Et même à l'égard de celui-ci, le vice de la possession est corrigé par les conventions unissant les parties, aux termes desquelles le concédant est engagé à laisser le concessionnaire user du domaine pour son exploitation.

Il faut tirer de notre théorie des conséquences pratiques.

133. — 1° De ce que le concessionnaire n'a pas de droit de propriété, il résulte qu'il n'a pas le droit d'hypothéquer les terrains affectés au service public. Des lois spéciales ont pu autoriser une hypothèque sur les voies ferrées, nous en avons vu des exemples ; mais nous avons dit que c'étaient des lois d'utilité pratique, sans harmonie avec l'ensemble des principes de droit qui régissent la matière. — Au contraire, les concessionnaires qui ont exceptionnellement un véritable droit de propriété peuvent grever de servitudes les terrains compris dans la concession (V. notamment C. Cass. Dall. 44, 1, 218 ; 66, 1, 254 ; — 62, 2, 466, en matière de canaux).

134. — 2° Le cessionnaire, qui n'a pas le droit d'hypothéquer, n'a pas, à plus forte raison, celui de vendre. Il aurait même pas qualité pour consentir la rétrocession d'une parcelle de terrain à son ancien propriétaire précédemment exproprié, le terrain en question ayant été incorporé au domaine public.

135. — 3° Les concessionnaires n'ayant pas le droit de propriété, leurs créanciers n'ont pas sur les terrains affectés aux services publics le droit d'exécution forcée. Faisant partie du domaine publics, les lignes de chemin de fer ou les canaux sont insaisissables. On a appliqué cette règle même à l'égard des anciens propriétaires de parcelles de terrains acquises aux compagnies soit en vertu d'un cession amiable, soit d'une expropriation : s'ils ne sont pas payés avant la prise de possession, ils ne peuvent plus revendiquer leur terrain : il a été, soit par vente amiable, soit par décision du jury, incorporé au domaine public, et dès lors il est devenu insaisissable (Tr. Seine, 27 juillet 1650, D. 51, 5, 78).

136. — 4° Les concessionnaires ne doivent pas payer le droit de mainmorte établi par la loi du 20 février 1849 sur les immeubles appartenant aux sociétés anonymes, destinés a remplacer les droits de mutation que ne paient pas les personnes morales. Cet impôt n'est dû en effet que par le propriétaire. Or les concessionnaires n'ont pas un droit de propriété. Le conseil d'Etat en a maintes fois décidé ainsi en repoussant la prétention de l'administration (8 fév. 1851, Compagnie du chemin de fer d'Orléans, p. 991. — 22 mars 1851). Bien entendu, le principe ne reçoit d'application que lorsqu'il s'agit du domaine public. Mais en dehors de la voie ou de ses dépendances, la Compagnie concessionnaire peut être propriétaire de terrains constituant son domaine : à l'égard de ces terrains, elle devra acquitter le droit de mainmorte (C. Et. Compagnie du Nord, 6 janvier 1853, p. 25).

137. — La jurisprudence poussant très loin le principe de domanialité va jusqu'à exempter du droit de mainmorte les concessionnaires de canaux auxquels elle a reconnu le droit de propriété. Le conseil d'Etat a rendu plusieurs décisions en ce sens à propos des canaux d'Orléans et du Loing, de Briare et du Midi. Il s'appuie sur ce que « quels que soient les termes dans lesquels la concession a été faite, les canaux sont affectés à un service public et perpétuel de navigation, à raison et par suite duquel ils ont le caractère de biens dépendant du domaine public ». Il en conclut qu'ils ne rentrent pas dans la catégorie des immeubles appartenant aux établissements et aux personnes désignées par la loi du 20 février 1849 (32 mars 1851, 197). — Nous ne comprenons pas bien quelle logique existe entre ces arrêts et les arrêts antérieurs, qui avaient reconnu le droit de propriété des concessionnaires : si leur droit est un droit de propriété, comme nous l'avons admis dans des cas exceptionnels, peu importe le droit éminent de l'Etat sur les terrains qu'ils exploitent ; ils devraient payer un droit qui frappe les propriétaires. — Il y a là un défaut d'harmonie dans la jurisprudence du conseil d'Etat.

138. — Les concessionnaires ont-ils le droit d'exercer les actions possessoires ? Il y a lieu de distinger : à l'égard du concèdant, le concessionnaire n'a qu'une possession viciée puisqu'il n'est que possesseur précaire ; donc contre lui pas d'actions possessoires. Au contraire, à l'encontre des tiers il a l'exercice de ces actions.

A cette solution on objecte que nous confondons le précarium du droit romain et la précarité de notre droit : en droit romain le précariste possédait pour son compte et avait les interdits contre tous sauf contre le concédant ; alors qu'en notre droit la précarité est un vice absolu et fait obstacle à l'exercice des actions possessoires contre toute personne ; or, dit-on, s'il est vrai que les concessions temporaires et revocables du domaine public puissent être comparées au précarium, il n'en est pas de même des concessions de chemins de fer ; les compagnies ayant un droit non révocable semblable à celui de l'emphithéote (Alf. Gauthier, *Précis des matières administratives dans leurs rapports avec les matières civiles et judiciaires*, p. 251).

Nous avons à l'avance répondu à l'objection, en montrant qu'au fond les concessionnaires de travaux publics avaient sur le domaine public un droit de même nature que le droit de tous ceux qui ont sur le domaine public une concession précaire ; qu'il n'en différait que par l'engagement personnel du concédant de ne pas troubler l'exploitation en leur retirant la concession avant l'expiration du temps fixé. Au surplus, pour les concessions ordinaires faites sur le domaine public, l'administration n'a pas un droit tout à fait absolu de les révoquer et sa décision pourrait être annulée pour excès de pouvoir (C. Et., 21 mars 1873, D., 73, 3, 91). La concession de travaux public ne fait que restreindre encore les droits de l'administration par des conventions. Mais le concessionnaire n'en reste pas moins un possesseur précaire au sens où ce mot était pris du droit romain. A ce titre il jouira donc de l'exercice des actions possessoires à l'encontre de toute personne autre que le concédant (Cass., 20 novembre 1877, S., 78, 1, 84. — 6 mars 1878, S., 79, 1, 13. 15 mai 1861. — C. Et. 5 nov. 1874).

Notons que la jurisprudence de la Cour de cassation, pour accorder au concessionnaire l'exercice des actions possessoires, fait appel à des considérations pratiques : le concessionnaire ayant à assurer l'exploitation, doit être armé contre les tiers qui voudraient troubler sa jouissance ; car ce n'est pas l'Etat qui serait à même de constater le trouble et d'en demander réparation. Il convient alors que l'exercice des actions possessoires soit accordé au concessionnaire comme un corollaire de son obligation générale de surveillance.

CHAPITRE VIII.

COMMENT FINIT LE CONTRAT DE CONCESSION.

139. — La concession finit de quatre manières différentes : 1° par l'expiration normale du délai pour lequel elle a été accordée ; 2° par la résiliation du contrat ; 3° par suite de la déchéance encourue par le concessionnaire ; 4° enfin par le rachat de la concession opéré par l'autorité concédante. Nous ne mentionnons pas la mort du concessionnaire comme entraînant la résolution de l'acte de concession. Cet événement met bien fin au contrat résultant du marché de travaux publics ; mais c'est que les marchés de travaux publics se ramènent à un louage d'ouvrage, et qu'on leur fait application de l'art. 1795 du Code civil. Nous avons vu qu'on ne peut faire pour la concession une telle assimilation, et dès lors cet article doit rester étranger à notre matière. Examinons, en nous en tenant comme toujours aux lignes générales, les divers modes d'expiration de concession.

140. — 1° *Expiration du délai fixé.* — Le concessionnaire est tenu de remettre en bon état au concédant les ouvrages qu'il a exploités, Des clauses précises règlent d'habitude les conditions de cette remise. L'Etat est alors substitué à la compagnie, comme, au début de l'exploitation, celle-ci l'avait été dans les droits de l'Etat. Rappelons, pour mémoire, que cette remise à l'administration n'est pas de l'essence du contrat de concession, et que des textes législatifs prévoient le cas ou le concédant opterait pour la remise en état des dépendances du domaine public.

141. — 2° *Résiliation.* — La résiliation peut avoir lieu à l'amiable, lorsque, le concessionnaire se trouvant hors d'état de remplir ses engagements, le concédant consent à le décharger d'obligations trop onéreuses (Ex. L. 9 juillet 1838 pour le chemin de fer de Lille à Dunkerque ; décret au 13 juin 1868 pour le chemin d'Arras à Etaples). Mais la résiliation peut être aussi demandée judiciairement par le concessionnaire : nous disons « par le concessionnaire »; car généralement le concédant aura à sa disposition d'autres sanctions pour garantir l'exécution des engagements du concessionnaire, notamment la déchéance dont nous allons parler. Le concessionnaire pourra, par application de l'article 1184 C. civ. demander en justice la résiliation pure et simple de son traité, s'il juge que l'administration ne s'acquitte pas de ses obligations à son égard. La juridiction compétente sera celle des conseils de préfecture; car il s'agira d'interpréter l'acte de concession. — La résiliation prononcée sur la demande du concessionnaire est peu fréquente ; la jurisprudence en offre de très rares exemple (C. Et. 1er juillet 1881, Ch. de f. de l'Hérault, p. 669 ; — 21 décembre 1833, Ch. de f. de l'Hérault, p. 659).

142. — 3° *Déchéance.* — La déchéance est la résolution du contrat prononcée administrativement à l'encontre du concessionnaire qui ne remplit pas ses engagements. C'est une mesure d'une extrême rigueur, et d'autant plus grave qu'elle entraîne généralement l'attribution à l'administration de tout ou partie du cautionnement consigné par l'entrepreneur. Aussi, en fait, ne la prononce-t-on qu'à la dernière extrémité.

143. — Il y a, semble-t-il, quelque arbitraire à permettre à l'autorité concédante, qui en somme est partie au contrat, d'en prononcer de son chef la résiliation, c'est-à-dire à la faire juge de l'exécution du contrat par l'autre partie. C'est pourquoi on voit la jurisprudence apporter à l'exercice de ce droit de sages tempéraments. La déchéance ne pourra être prononcée par l'administration que si une clause du traité lui en accorde la faculté. Et, en l'absence d'une clause de ce genre, l'administration devra s'adresser aux tribunaux administratifs pour faire déclarer la résiliation du contrat par application de l'art. 1184 Code civil. Le Conseil d'Etat en a ainsi décidé dans deux arrêts (7 février 1878, D. 78, 3, 59. 18 mai 1888, Raoul, p. 455); et allant plus loin, il a admis que, même au cas où la juridiction contentieuse prononcerait ultérieurement les résiliations du contrat, la commune qui aurait indûment prononcé la déchéance serait tenue d'indemniser le concessionnaire du préjudice qu'elle lui aurait causé en lui enlevant illégalement l'exploitation de sa concession.

144. — D'ailleurs, même au cas où l'acte de concession réserve au concédant le pouvoir de prononcer administrativement la déchéance, le droit ne doit lui être reconnu que sous réserve de la faculté laissée au concessionnaire de porter sa réclamation au Conseil de la préfecture ; car il s'agit d'interpréter le cahier des charges, et la compétence du Conseil de préfecture en ce qui concerne cette interprétation est générale et absolue. La jurisprudence est constante à cet égard (C. Et. 15 juillet 1881, chemin de fer d'Orléans à Rouen ; — 22 février 1889, p. 249).

Notons qu'aux termes de la loi de 1880 sur les chemins de fer d'intérêt local, c'est au Conseil d'Etat que le concessionnaire devrait déférer un arrêté ministériel prononçant sa déchéance.

S'il est reconnu que la déchéance a été prononcée sans raison, il s'ensuit que le concessionnaire a été à tort privé des bénéfices de son exploitation. Aussi le tribunal administratif peut-il lui allouer une indemnité (5 juin 1891, Bouvard, p. 413).

145. — Le conseil de préfecture peut-il faire plus, et non seulement ordonner le paiement d'une indemnité en faveur du concessionnaire dont la déchéance a été injustement prononcée, mais encore prescrire qu'il sera rétabli dans ses droits pour la continuation de l'exploitation ? En matière de marché de travaux publics, il est admis que lorsque l'autorité prononce la résiliation, cette décision constitue un acte de pure administration que la juridiction administrative ne peut pas annuler : elle peut bien décider, si elle juge que la résiliation a été prononcée à tort, qu'une indemnité sera payée par l'administration à l'entrepreneur, mais elle ne peut pas faire revivre le marché annulé ; on craindrait d'entraver l'action de l'administration, qui doit rester seule juge de la manière dont il convient de diriger les travaux (C. E. 24 juillet 1848, Midy, p. 451, — 8 mai 1861, Guillemin, 352; — 20 février 1868, Goguelot p. 199). Nous hésitons à admettre la même solution en matière de concession : nous avons posé en principe que ce contrat lie les parties beaucoup plus fortement que le simple marché d'entreprise. Elles doivent donc se présenter devant la juridiction administrative, la question restant entière. S'il y a dans la concession une clause accordant au ministre le droit de prononcer la déchéance, cette clause ne fait que règler le provisoire, parce que l'intérêt public peut commander que l'on n'attende pas la décision juridictionnelle pour dessaisir un concessionnaire incapable ; mais le pouvoir de l'Administration ne s'étend pas au delà du provisoire ; et, en vertu du principe qu'elle est liée une fois pour toutes par son contrat, on le saurait lui accorder le droit de le déclarer résolu à titre définitif.

Notre conclusion est donc que les conseils de préfecture doivent avoir ici encore une compétence très large, comme toujours lorsqu'il s'agit d'interpréter la concession, et qu'ils pourront ordonner la réintégration du concessionnaire dans son exploitation. La solution qui donne à la juridiction le pouvoir de prononcer définitivement est admise pour les chemins de fer d'intérêt local par la loi de 1880, qui dans son art. 7 porte : « Il sera statué... par le ministre des travaux publics sauf recours du conseil d'Etat par voie contentieuse ». Cette disposition ne nous semble pas être de nature exceptionnelle, et, — réserve faite pour la désignation de la juridiction administrative qui de droit commun devra être le conseil de préfecture et non le conseil d'Etat, — elle nous paraît faire une application des principes généraux qui régissent les concessions de travaux publics.

146. — Nous n'avons pas à énumérer quels faits sont susceptibles de provoquer la déchéance. Ils varient naturellement avec les cahiers de charges. Cependant on peut dire qu'ils se ramènent généralement soit à un retard dans le commencement ou l'achèvement des travaux, soit à une interruption dans le service d'exploitation : en un mot, les causes de déchéance sont les mêmes en principe que les causes de résiliation dans tous les contrats : elles ont trait à l'inexécution des obligations.

147. — Tantôt les cahiers de charges dispensent l'administration de mettre le concessionnaire en demeure de s'exécuter avant de prononcer sa déchéance, tantôt ils sont muets à cet égard. Il faut alors s'en tenir au droit commun qui d'après l'art. 1230 du Code civil exige une mise en demeure pour que la peine soit encourue (C. Et. 17 février 1882. Georges Martin, p. 189).

148. — De même il n'y a pas lieu d'admettre, en dehors d'une clause expresse, que certains évènements soient par eux-mêmes et de plein droit une cause de déchéance. Nous avons parlé déjà de la cession de la concession faite sans l'assentiment du concédant, et nous avons décidé que ce fait *en lui-même* ne suffisait pas pour motiver la déchéance. Il faut en dire autant de la faillite du concessionnaire. Sans doute il se trouve par sa faillite en une situation telle qu'il risque de ne pouvoir satisfaire à ses engagements ; mais il n'y a dans cette présomption rien d'absolu ; et s'il obtient un concordat, il pourra être replacé à la tête de ses affaires, et s'acquitter par lui-même de toutes ses obligations.

149. — Quelle que soit la cause de la déchéance, alors même que le motif invoqué par l'administration la justifierait suffisamment, il ne faut pas que par les circonstances dans lesquelles on la prononce soient de nature à porter préjudice au concessionnaire. Au cas par exemple où un concessionnaire n'a pas terminé les travaux dans les délais, supposons que la ville qui a fait la concession, loin de se prévaloir tout d'abord de la clause de déchéance, laisse achever les travaux, et même accorde à l'entrepreneur un délai supplémentaire. Alors la ville sera non recevable à venir plus tard prononcer la déchéance pour un motif qu'elle avait renoncé à invoquer en incitant par là même l'entrepreneur à faire tous les frais de construction (C. Et. 5 juin 1891, p. 413).

150. — L'effet principal de la déchéance sera l'octroi d'une nouvelle concession à un concessionnaire qui sera substitué à l'ancien, le cahier de charge étant celui de la concession primitive. Le concessionnaire déchu a droit au prix des travaux qu'il a exécutés avant la déchéance (C. Et. 11 juin 1886). Mais en revanche il devra payer le montant des frais de réfection des ouvrages pour les réparations reconnues nécessaires au moment où la déchéance est devenue définitive. Car jusqu'à ce moment, l'administration a exploité en son lieu et place ; c'est donc à sa charge qu'on doit mettre les frais de l'exploitation (C. Et. 3 mai 1895, p. 380).

151. — La clause de déchéance exclut-elle tout droit à une indemnité en faveur de l'administration ? Le Conseil d'Etat l'a deux fois décidé (15 juillet 1881. D. 82, 3, 117 ; — 11 janvier 1884, D. 85, 3, 77). — Cette doctrine semble difficile à ériger en principe : il se peût que de l'interprétation du contrat il ressorte que l'autorité concédante a entendu se contenter de son droit de prononcer la déchéance. Mais peut-être en a-t-il été autrement : en se réservant ce droit, elle a peut-être pris seulement ses précautions pour n'être pas tenue de réclamer la résiliation en justice. En somme la déchéance n'est autre chose que la résiliation dont on applique provisoirement les effets. Or il est inadmissible que la résiliation d'un contrat puisse tenir lieu de réparation pour le préjudice causé par son inexécution. A notre sens par conséquent, on doit prendre le contrepied des décisions du conseil d'Etat, et décider, qu'alors même que la déchéance aurait été prononcée conformément aux clauses de la concession, l'administration pourra être admise à faire valoir ses droits à une indemnité.

152. — 4° *Rachat.* — Le rachat c'est le droit pour l'administration de se substituer au concessionnaire avant la fin normale de la concession, moyennant le paiement d'une indemnité. Nous l'avons rattaché précédemment au droit imprescriptible de l'Etat de révoquer les concessions accordées à titre précaire sur le domaine public; à l'état pur, ces concessions sont des actes unilatéraux pouvant être révoqués *ad nutum*; quand au contraire elles servent de base à un contrat synallagmatique tel que la concession de travaux publics, le droit de l'administration se change en celui de racheter la concession.

153. — Le rachat est presque toujours prévu expressément. Mais en l'absence d'une clause qui l'autorise, l'Etat ne serait pas désarmé ; seulement il faudrait une loi pour lui permettre de l'opérer. C'est ainsi qu'a été fait le rachat des concessions de canaux accordées par les lois de 1821 et 1822, une loi du 29 mai 1845 ayant autorisé le gouvernement à en exproprier les concessionnaires.

Cependant, si *lato sensu* on peut parler d'expropriation d'utilité publique, cette expression n'est toutefois pas appropriée à la nature de l'opération, le droit des concessionnaires n'étant pas un droit de propriété, mais seulement un droit mobilier. Aussi la loi de 1845 établit-elle pour le rachat des canaux une procédure spéciale ; et c'est cette procédure qu'on appliqua longtemps pour le rachat des concessions des ponts, avant que la loi de 1880 fût venu réglementer la matière.

Le rachat est prévu, soit par les conventions, soit par les lois générales faites pour chaque espèce de concession. Pour en étudier les conséquences, il faudrait les examiner en détail telles quelles sont réglées par ces textes, qui s'attachent surtout à déterminer de quelle manière sera fixée l'indemnité de rachat. Les conventions de 1883 réservent le droit de rachat, en ce qui touchent les chemins de fer d'intérêt général ; et la loi de 1880 en ce qui touche les chemins de fer d'intérêt local et les tramways.

154. — Mais le rachat a été surtout pratiqué à l'égard des concessions de ponts et des concessions de canaux. Pour ces derniers c'est la loi du 29 mai 1845, qui a autorisé le rachat des concessions faites en 1821 et 1822 et desquelles on avait exclu toute clause de rachat. Aujourd'hui la plupart des canaux ont été rachetés. Quant aux ponts, la loi du 30 juillet 1880 a eu pour but d'en faciliter le rachat : elle le prescrit même en ce qui concerne les ponts aboutissant à des routes départementales ou nationales.

Pour la fixation des indemnités, les lois de 1845 et de 1880 ont institué des commissions ayant un caractère tout spécial : on avait prétendu assimiler leurs décisions à celles du jury d'expropriation; mais le Conseil d'Etat en a décidé autrement, en jugeant qu'elles étaient susceptibles de recours pour excès de pouvoir au Conseil d'Etat (23 mai 1890) ; il n'y a en effet entre l'expropriation d'utilité publique et le rachat aucune analogie au point de vue juridique, puisque le droit du concessionnaire est purement mobilier.

CHAPITRE IX

COMPÉTENCE EN MATIÈRE DE CONCESSIONS.

155. — La matière est régie par la règle générale posée dans la loi de pluviôse an VIII, donnant compétence au Conseil de préfecture en ce qui touche le contentieux des travaux publics.

Le concessionnaire à ce point de vue peut être classé *lato sensu* parmi les entrepreneurs de travaux publics. Dans l'art. 4 de la loi de l'an VIII, ce terme a un sens large comprenant tous ceux qui exétent des travaux d'utilité publique, quel que soit le mode d'exécution employé.

Cependant, à raison de sa nature le contrat de concession fait naître des questions que ne soulèvent pas les marchés de travaux publics : il en est ainsi par exemple de celles relatives au paiement des redevances, ou à l'exploitation proprement dite ; il en est ainsi également de celles tenant à la résistance du concessionnaire aux injonctions de l'administration. Il en résulte que le contentieux des concessions peut former une étude particulière dans le contentieux des travaux publics. Nous en esquisserons les principales règles. Il nous faudra déterminer les limites de la compétence administrative et de la compétence judiciaire, et examiner si parfois la juridiction du conseil d'Etat ne doit pas être substituée à celle des conseils de préfecture, en raison de la manière dont l'action est engagée. Nous conclurons d'ailleurs à l'extrême généralisation du principe de la loi de pluviôse an VIII : et c'est la doctrine qui ressortira des espèces offertes par la jurisprudence.

Dans une première section nous étudierons les contestations entre le concessionnaire et le concédant ; et, dans une deuxième, les contestations entre le concessionnaire et les tiers.

Section I. — *Contestations entre le concessionnaire et le concédant.*

156. — Le conseil de préfecture est compétent. On présente parfois cette règle comme une anomalie, au moins en ce qui concerne les concessions faites par l'Etat, les actes émanés du chef de l'Etat n'étant en général interprétés que par le conseil d'État (Perriquet, n° 629). Nous ne croyons pas cette observation fondée. Il s'agit ici d'interpréter non pas un acte du chef de l'État, mais simplement les clauses d'un contrat synallagmatique. Il y a dans une concession deux choses : un acte de puissance publique substituant un particulier dans les droits de l'Etat, et un contrat stipulant les conditions de cette substitution : le contrat émane de la volonté de deux contractants : et, quand il s'agit de son interprétation, on ne peut pas dire qu'il s'agit d'interpréter l'acte du chef de l'Etat.

157. — La compétence du conseil de préfecture est générale. Cette juridiction interviendra toutes les fois qu'il s'agira d'interpréter une clause du contrat, alors même qu'elle ne tiendrait pas exclusivement à l'exécution des travaux. Une jurisprudence aujourd'hui constante donne compétence au conseil de préfecture alors même que le litige porte sur des clauses d'ordre pécuniaire (Tr. Confl. 10 décembre 1876, D. 77, 3, 57 et les renvois. C. Et. 5 avril 1884 ; — 1er mai 1885).

Cette doctrine n'avait pas toujours été admise ; et des arrêts du conseil d'Etat ou de la Cour de cassation avaient antérieurement distingué selon qu'il s'agissait des clauses touchant directement à l'exécution des travaux, ou de celles réglant les rapports financiers entre le concédant et le concessionnaire (C. Et. 20 mars 1862. La compagnie Grenobloise d'Eclairage par le gaz; C. Cass., 24 juillet 1867, D. 68, 1, 33). La Cour suprême en 1867 avait rendu sa décision sur conclusions conformes du Conseiller rapporteur M. Nachet, qui avait ainsi formulé les objections à l'admission de la compétence administrative : « Il s'agit bien, disait-il, de l'appréciation d'un cahier de charges, de l'interprétation même, si l'on veut, d'un de ses articles. Mais l'objection ne peut être fondée qu'autant qu'elle se rattache aux principes d'ordre public, applicables aux matières administratives : or il ne s'agit ni des travaux stipulés, ni de la fourniture du gaz, ni par conséquent d'aucune disposition de la loi du 28 pluviôse an VIII : il s'agit d'une question financière... toutes choses sans aucun rapport avec les principes généraux de l'ordre public ».

Nous pensons que l'ancienne jurisprudence consacrait une distinction arbitraire. Les contrats de concession forment un tout dont les parties diverses sont combinées de manière à atteindre un résultat, qui est l'exécution des travaux. Il n'y a pas des articles d'ordre pécuniaire, et des articles visant l'exécution des travaux : cette exécution est la fin dernière de toutes les clauses, qui s'enchevêtrent les unes dans les autres de manière à ne pouvoir pas être séparées. Au reste, au point de vue pratique, la doctrine contraire aboutirait à un résultat des plus fâcheux, qui serait d'attribuer, pour l'interprétation d'une même concession, compétence tantôt à l'autorité administrative, et tantôt à l'autorité judiciaire. Notons enfin que rien dans le texte de la loi ne permettait de faire la distinction que consacrait l'ancienne jurisprudence, l'art. 4 de la loi de pluviôse donnant compétence à la juridiction administrative « pour les difficultés qui pourraient s'élever entre les entrepreneurs des travaux publics et l'administration concernant le sens et l'exécution des clauses de leurs marchés.

158. — Si le conseil de préfecture est compétent sur toutes les clauses du contrat de concession, doit-on du moins admettre que les tribunaux judiciaires saisis d'une instance ressortissant de leur compétence pourraient retenir l'affaire alors même que l'une des parties exciperait pour sa défense de la clause d'un acte de concession ? La Cour de cassation a admis qu'il le pourraient en rejetant du débat l'acte invoqué. Voici l'espèce dans laquelle la Cour eut à se prononcer : La ville de Paris avait frappé d'une taxe de stationnement les voitures séjournant sur la voie publique ; la Compagnie des Tramways refusa de payer cette taxe, sous prétexte que le contrat de concession ne l'avait pas prévue lorsqu'il avait réglé le stationnement des voitures de la compagnie. La ville de Paris eut gain de cause en première et en deuxième instance, et la Compa- se pourvut en cassation en invoquant, entre autres moyens, que la compétence de la juridiction administrative devait recevoir son application, puisqu'il s'agissait de savoir si le contrat de concession avait réglé la question du stationnement.

La Cour suprême repoussa cette prétention. Elle a considéré que le tribunal, en l'espèce, n'avait pas eu à approfondir le sens intime de la concession, mais seulement à statuer sur l'application de taxes établies par la ville en vertu du droit général que la loi lui confère. Pour la Cour de cassation, il ne s'agissait plus d'un intérêt pécuniaire lié à l'exécution du travail, comme dans l'hypothèse précédente, mais seulement d'une redevance prélevée par la ville usant de son droit de puissance publique : le tribunal judiciaire pouvait donc valablement déclarer, préalablement au jugement sur le fond, que la question qui lui était soumise était une question de taxe, et non une question se rattachant au contrat de concession (Req. 13 novembre 1882, D., 85, 1, 23).

Cette solution de la Cour de cassation nous inspire des doutes sérieux. Nous ne voyons pas comment des juges peuvent écarter du débat un acte sans se livrer à un examen de cet acte. La ville prétend appliquer une taxe : compétence judiciaire; mais le défendeur invoque un acte de concession contenant à son avis une exemption implicite : *à priori* cette défense n'a rien d'anormal, et vaut qu'on l'examine ; qu'elle soit ou non fondée, on ne pourra la rejeter du débat qu'après avoir pesé si la clause invoquée a ou n'a pas réglé la question. Cela suppose une appréciation de l'acte de concession, et cette appréciation est réservée aux tribunaux administratifs. En un mot écarter l'application d'un contrat, c'est interpréter ce contrat. Dans l'espèce précédente, on doit donc, à notre sens, conclure à la compétence administrative, contrairement à l'arrêt de la Cour de cassation.

159. — Pour que le conseil de préfecture soit compétent, peu importe que les travaux soient ou non commencés : sa compétence porte sur l'interprétation du marché. Un concessionnaire serait donc mal venu à décliner la compétence administrative sous prétexte qu'une condition prévue au contrat ayant fait défaut, il n'a pas pu exécuter les travaux. L'art. 4 de la loi de l'an VIII donne compétence au conseil de préfecture non seulement sur le sens, mais aussi sur l'exécution des clauses du contrat, et par suite sur son inexécution (16 janvier 1862, de Bourdeille, p. 35).

Le conseil de préfecture serait également compétent pour trancher les difficultés nées après l'achèvement des travaux (8 mai 1861, Commarmond, p. 352).

160. — De ce que la compétence du conseil de préfecture s'étend très largement à l'interprétation la concession, il suit qu'il n'est pas besoin, pour en faire application, que le débat s'engage sur une clause expresse. Tout fait de l'une des parties contraire à leur obligations réciproques peut être porté à la connaissance du tribunal administratif : il en est ainsi de tout acte de l'administration tendant à diminuer l'importance de la concession et à restreindre les bénéfices du concessionnaire.

En faveur de la compétence judiciaire on a fait appel à une idée subsidiaire : à l'idée d'expropriation. En 1859 la compagnie du canal Saint-Martin fit défense au préfet de la Seine d'exécuter sur le canal aucun ouvrage jusqu'à l'accomplissement des formalités d'expropriation. L'autorité judiciaire retint l'affaire, mais le préfet éleva le conflit, et le conseil d'Etat confirma son arrêté. Nous avons vu en effet que les concessionnaires n'ont pas sur les ouvrages un véritable droit de propriété; dès lors il ne peut être question d'expropriation. Le seul débat qui s'élève porte sur le dommage causé au concessionnaire en violation de son contrat ; et c'est à la juridiction administrative seule qu'il appartient d'en connaître (C. Et. 1er mars 1860, Compagnie du canal de Saint-Martin, p. 182).

161. — Elle en connaît comme elle connaît de tous les actes de l'administration ayant pour but d'assurer l'exécution des conditions du contrat : le conseil de préfecture par exemple serait compétent à l'égard des actes accomplis par un ingénieur en chef des ponts et chaussée en sa qualité de sequestre d'une concession (Conflits, 23 janvier 1888 ; D. 89, 3, 39).

162. — Il arrive que le débat, au lieu de porter directement sur l'interprétation d'une clause, s'engage sur la validité d'un acte du ministre compétent ayant pris une décision à l'égard du concessionnaire. Nous avons vu qu'aux termes de la plupart des cahiers de charges, il appartenait au ministre de prononcer la mise sous sequestre, voire même la déchéance du concessionnaire, mais que l'acte statuant sur la mise sous sequestre ou la déchéance peut toujours être déféré au Conseil de préfecture. La jurisprudence est constante à cet égard (C. Et. 22 février 1889, p. 249). Conformément à la doctrine générale, maintes fois consacrée en matière d'excès de pouvoir, le Conseil d'Etat a décidé que les arrêtés ministériels pris à ce sujet ne pourraient pas lui être déférés directement puisqu'ils pouvaient être d'abord soumis à la juridiction des Conseils de préfecture chargés d'interpréter les actes de concession (22 décembre 1889, p. 119).

Il y aura lieu de donner la même solution toutes les fois que le ministre sera intervenu pour manifester par une décision son intention de pourvoir à l'exécution du contrat : le ministre met parfois le concessionnaire en demeure d'exécuter certains travaux ; ces travaux, il en ordonne l'exécution au moyen d'arrêtés signifiés au concessionnaire ; mais nous avons posé en principe que, le concédant et le concessionnaire étant une fois pour toutes liés par un contrat, celui-ci n'avait aucune injonction à recevoir de celui-là. La décision du ministre à l'égard des travaux dont il réclame l'exécution n'a donc aucun caractère contentieux; il constitue seulement une mise demeure envers le concessionnaire d'avoir à exécuter les travaux : dès lors le Conseil d'Etat ne devra pas connaître du pourvoi formé contre cet arrêté. La juridiction compétente sera le Conseil de préfecture conformément à l'article 4 de l'an VIII : car peu importe l'aspect sous lequel se présente le débat : il s'agit toujours d'interpréter le contrat de concession. Le Conseil d'Etat en a décidé ainsi dans une hypothèse ou le ministre avait prescrit au concessionnaire d'un canal la construction d'un pont ; et dans une autre espèce, alors qu'il s'agissait d'une décision ministérielle refusant à un concessionnaire l'allocation d'une indemnité (C. Et. 16 août 1861, Canaux de Beaucaire et de la Radelle, p. 673 ; — 30 juillet 1847, Pont-de-Cubzac p. 530 ; — Cpr. 28 juillet 1854, Chemin de fer d'Orléans, p. 675).

163. — Il y a lieu toutefois d'apporter à cette règle une exception en ce qui touche les conventions financières passées entre l'Etat et les grandes compagnies de chemins de fer. En ce cas le ministre statue sur les difficultés soulevées à l'occasion de la garantie d'intérêt ou des subventions dues par l'Etat, sauf recours au Conseil d'Etat, et non au Conseil de préfecture. Cette exception résulte de divers règlements d'administration publique intervenus après les conventions de 1859 ; elle est fondée sur cette considération que les conventions financières passées avec les grandes compagnies se rattachent à la dette publique [et qu'aux ministres seuls apparpartient de liquider la dette publique sauf recours au Conseil d'État.

164. — Le conseil de préfecture est compétent entre le concédant et le concessionnaire, alors même que la contestation porterait sur une question de propriété. Une parcelle de terrain dépendant d'une voie ferrée ayant été aliénée, il s'agissait de savoir si le prix serait immédiatement versé au trésor, ou si le concessionnaire en conserverait la jouissance jusqu'à l'expiration de la concession. Le ministre, se raclamant de la compétence des tribunaux judiciaires, prétendait que le débat était né sur une attribution de propriété. Mais conformément au principe, le conseil d'Etat a décidé que, le litige se rattachant à l'interprétation du contrat de concession, les tribunaux administratifs devaient seuls en connaître (C. Et. 1870, 26 juillet, Compagnie P.-L.-M., p. 36. Cpr. C. cass. civ. 1er février 1871, D. 72, 1, 69).

165. — Les tribunaux judiciaires ne seraient pas davantage compétents pour juger une question d'exemption de tarifs fondée sur une clause de la concession. On a prétendu que conformément aux règles de compétence admises en matière de tarifs, l'autorité judiciaire avait qualité pour juger les contestations touchant ces exemptions. La question s'est présentée à propos d'exemption de droits d'octrois stipulées en faveur du concessionnaire. Nous avons précédemment admis que l'autorité judiciaire ne pouvait pas, en déclarant l'acte de concession étranger à une question de taxation, l'écarter *de plano* du débat et se déclarer compétente : ici l'hypothèse est analogue, le contrat a prévu formellement une exemption de tarifs en faveur du concessionnaire. Pour savoir si on est dans les cas d'exemption, il faudra donc approfondir le sens et la portée de cette clause : la juridiction administrative pourra seule le faire, car on n'est pas ici en face d'une simple application de tarifs, mais d'une question d'interprétation du contrat de concession : or nous avons admis que le conseil de préfecture était compétent à l'égard de toutes les clauses, même de celles n'ayant pas trait directement à l'exécution des travaux (C. Et. 28 décembre 1894, p. 722).

Il y aurait lieu, à notre sens, de poser la même règle en ce qui touche les exemptions de tarifs stipulés en faveur des agents de l'administration. Cependant le Conseil d'Etat, il est vrai dans des décisions déjà anciennes, a décidé que l'autorité compétente était bien l'autorité administrative ; mais au lieu d'attribuer qualité au conseil de préfecture, il s'est réservé la connaissance des litiges sur ces exemptions, par le motif qu'à lui seul appartenait d'interpréter une ordonnance royale. Nous croyons qu'il n'y a pas lieu de distinguer et nous ne doutons pas que si la question se pose à nouveau devant le haut tribunal, il ne rende une décision en harmonie avec les règles générales que nous avons posées, et avec la solution que lui-même a admise en cas d'exemptions stipulées au profit du concessionnaire (C. Et. 30 juillet 1840 ; 3 mai 1844 ; 20 janvier 1865).

166. — Nous avons, comme nous l'avions dit au début, étendu de la manière la plus large le pourvoi de juridiction des conseils de préfecture entre le concédant et le concessionnaire. Notons en terminant que pour qu'il y ait lieu d'en faire l'application il faudra du moins, que la difficulté porte sur l'interprétation de la concession.

Précisons : Supposons qu'une concession étant muette sur le rachat, la concession soit cependan tra-chetée à l'amiable, puis il surgisse qu'un litige à propos de ce rachat. A notre avis il ne saurait être question d'appliquer les règles de compétence de la loi de l'an VIII. On ne peut pas dire qu'il s'agit de l'interprétation de la concession, puisque, loin de là, la contestation porte sur une convention indépedante ayant justement résilié cette concession. Il faut donc admettre qu'en pareil cas on devra recourir au droit commun et appliquer les règles de compétence générales aux marchés administratifs.

167. — La compétence des conseils de préfecture peut elle être étartée par une convention contraire ? Evidemment non : c'est une compétence *ratione materiæ,* et nonobstant une clause expresse, les parties seraient fondées en tout état de cause à décliner la compétence de tout autre juridiction (C. Et. 24 juin 1840, Hindenlang, p. 175).

Il y a lieu toutefois de réserver le cas où l'homologation aurait été donnée par une loi : alors cette loi pourrait faire échec à la compétence du conseil de préfecture. Nous avons distingué dans le rôle de l'Etat figurant au contrat de concession un double aspect : tantôt il doit être considéré comme contractant, et à ce titre il faut admettre que même par une loi il ne pourrait porter atteinte aux droits de son contractant, tantôt il doit être considéré comme puissance publique, et comme tel il peut par une loi déroger à une règle d'ordre public, dès l'instant que cette dérogation ne lèse aucun droit : il en est ainsi croyons-nous du cas où par la loi d'homologation il est fait exception à la compétence du conseil de préfecture : c'est là un principe d'ordre public auquel le législateur peut toujours apporter une dérogation.

SECTION II. — *Compétence dans les contestations entre le concessionnaire et les tiers.*

168. — Il faut distinguer selon que la contestation s'élève entre le concessionnaire et un sous-traitant ; — ou que la cause du litige est un dommage causé soit au concessionnaire par un tiers soit à un tiers par un concessionnaire ; — ou enfin qu'il s'agit de l'application des tarifs autorisés par l'acte de concession.

a) *Contestations avec les sous-traitants.*

169. — Il n'y a pas lieu d'appliquer l'art. 4 de

la loi de l'an VIII. Car il ne s'agit plus de l'interprétation de la concession, laquelle ne règle que les rapports entre concédant et concessionnaire : la jurisprudence est constante à cet égard. Et elle pousse les conséquences de ce principe jusqu'à refuser de mettre en cause un sous-traitant devant le conseil de préfecture saisi d'un litige pendant entre le concédant et le concessionnaire. (C. Et. 5 décembre, 5 décembre 1873, Martin p. 916 ; 9 mars 1894, p. 190).

Mais si le sous-traitant a été actionné devant le conseil de préfecture pour un dommage causé par l'exécution des travaux publics, il peut appeler en garantie le concessionnaire devant la juridiction saisie : car alors la mission du conseil de préfecture ne sera pas d'apprécier le traité intervenu entre le concessionnaire et le sous-traitant, ce qui échapperait à sa compétence, mais seulement de rechercher à qui incombe la responsabilité du dommage causé, par l'exécution des travaux ; ce qu'il peut faire, en vertu de la loi de l'an VIII (C. Et. 13 février 1868, Société de l'éclairage au gaz de Marseille, p. 160).

Il ne faudra pas confondre avec un sous-traitant un second concessionnaire que le concessionnaire primitif se serait substitué par une rétrocession dûment approuvée par l'autorité concédante ; car la concession et la rétrocession forment un marché de travaux publics, et il appartient à la juridiction administrative d'en connaître. La ville de Saint Etienne tenant de l'Etat une concession de tramways l'avait rétrocédée à une compagnie particulière. Un litige ayant surgi entre elle et cette compagnie le conseil d'Etat a jugé conformément à notre règle que le Conseil de préfecture avait valablement statué (27 juin 1890, Ch. de f. à voie étroite de Saint-Etienne, p. 622).

b). *Contestations nées à propos de dommages.*

170. — La réparation des dommages causés par les particuliers aux ouvrages faisant l'objet de la concession doit être demandée aux tribunaux judiciaires ; car il s'agit d'un fait indépendant de l'acte administratif : l'Administration est donc dégagée de tout intérêt dans la question. Le fait dommageable pourra d'ailleurs constituer une contravention de grande voirie ; en ce cas le conseil de préfecture sera investi de la compétence répressive.

171. — En ce qui concerne les dommages causés aux tiers par les concessionnaires, la jurisprudence semble résoudre les questions de compétence par une distinction que, pour notre part, nous trouvons arbitraire : elle distingue selon qu'il s'agit de dommages causés pour la construction même ou de dommages tenant à l'exploitation ; pour les premiers seuls la compétence des conseils de préfecture recevrait son application. Cette doctrine peut s'appuyer sur la lettre de l'art. 4 de la loi de l'an VIII qui donne compétence aux conseils de préfecture sur les dommages résultant de l'*exécution* des travaux publics. Mais nous croyons qu'elle est contraire à l'esprit de la loi : le législateur a placé les marchés de travaux dans une catégorie spéciale à raison de leur importance, et il a voulu assurer l'indépendance de l'Administration à l'égard de l'autorité judiciaire ; c'est donc la mise en œuvre intégrale de l'acte de concession qui doit être soustraite à sa juridiction : et il est arbitraire d'en scinder les effets en les faisant ressortir de deux compétences différentes, alors que la concession forme un tout indivis dont toutes les parties se tiennent dans un ordre logique. Qu'importe après cela que la loi n'ait mentionné que les dommages résultant de *l'exécution* des travaux. Elle a prévu le *quod plerumque fit* ; en matière de marché de travaux publics il n'y avait à prévoir que l'exécution proprement dite : il faut étendre les données de la loi quand il s'agit de cet acte complexe qu'est un acte de concession : et d'ailleurs, dans un sens très large, ne peut-on pas dire que c'est encore procéder à l'exécution des travaux que de veiller à leur exploitation, puisque cette exploitation est leur raison d'être.

La théorie que nous combattons, étant des plus arbitraires, devait amener à des conséquences pratiques non moins arbitraires : c'est ainsi que, par application du principe, le dommage causé par la trépidation des trains a été attribué au contentieux administratif, comme inséparable du travail public lui-même, alors qu'au contraire le dommage résultant de la fumée des locomotives appartient au contentieux judiciaire comme n'étant pas une conséquence nécessaire du travail public (Confl. 16 janvier 1875, héritiers Colin, p. 59 ; C. Et. 9 mars 1888, Mayrargues, p. 251).

Nous pensons que la seule distinction à établir est la suivante : le dommage a-t-il été une suite des conditions posées dans l'acte de concession, le conseil de préfecture sera compétent ; a-t-il au contraire été causé par le fait, par la faute du concessionnaire : alors il y aura lieu d'appliquer les règles de compétence ordinaires, et le concessionnaire ne sera plus considéré que comme un particulier ayant porté préjudice à un tiers : il en sera ainsi par exemple dans le cas d'une inondation occasionnée par une fausse manœuvre dans un barrage (C. Et. 1861, p. 462). En un mot nous concluons à la compétence du conseil de préfecture toutes les fois qu'il s'agira de l'exécution du travail public ou de sa mise en œuvre, laquelle est encore une façon de l'exécuter.

c) Contestations portant sur l'application des tarifs.

172. — Il faut délimiter la compétence judiciaire et la compétence administrative. Nous avons posé en principe que les questions de tarifs devaient être assimilées aux questions de contributions indirectes. La conséquence en est que les contestations qui s'élèveront entre le public et le concessionnaire sur l'application des tarifs seront de la compétence judiciaire. La jurisprudence administrative est sur ce point d'accord avec celle des tribunaux judiciaires.

173. — Les tribunaux judiciaires, au cas ou une difficulté d'interprétation se présente pour l'application d'un tarif ne doivent même pas surseoir jusqu'à la décision de la juridiction administrative. En 1882, la Cour de Bordeaux s'était dessaisie d'une affaire portée devant elle, en attendant que le conseil d'Etat eût statué sur l'interprétation de la clause litigieuse du cahier des charges. C'est le Conseil d'Etat lui-même qui alors affirma la compétence absolue de l'autorité judiciaire pour l'interprétation des tarifs (23 février 1885, Boué).

174. — Elle a, en la matière, le pouvoir de pleine juridiction. Les tarifs ayant le caractère de généralité qui en font des actes réglementaires, il faut lui accorder qualité même pour apprécier leur légalité, par exemple pour s'assurer qu'ils ont été homologués, et publiés conformément à la loi. D'ailleurs, leur compétence se borne au droit de refuser d'appliquer le tarif, s'il leur semble entaché d'illégalité.

175. — Mais les tribunaux ne peuvent pas porter d'appréciation sur les actes de l'Administration : ils ne pourraient donc, en contestant la légalité de tarifs homologués par le ministre, statuer sur une demande en dommages-intérêt formée par un particulier qui se prétendrait lésé par les tarifs homologués Le conseil d'Etat en a décidé ainsi, par le motif que, sous le prétexte d'un dommage prétendu causé par des modifications de tarifs à des intérêts privés, l'autorité judiciaire ne saurait, sans méconnaître le principe de séparation des pouvoirs, s'immiscer directement ou indirectement dans l'interprétation d'actes de cette nature, et y porter atteinte. » (Décret sur conflit, 21 avril 1853, Dupont).

CONCLUSION

Au cours de ce travail nous nous sommes strictement conformé au plan que nous nous étions tracé : le côté juridique de la question a été seul examiné. Nous avons dit que la pratique propose des problèmes au théoricien, et nous nous sommes surtout inspiré de la jurisprudence, en nous efforçant, par un groupement des espèces, d'arriver à des formules générales.

Cependant, malgré notre désir de nous détacher de ce qui n'était pas exclusivement juridique, il faut avouer que nous nous sommes souvent laissé guider par l'intérêt économique.

Et il ne pouvait pas en être autrement. Aspect juridique, aspect économique, ce ne sont pas choses tellement différentes, le premier n'étant le plus souvent que la figuration positive du second. Et comment les séparer, dans une question où les dispositions législatives font défaut, et où l'interprète est souvent libre de suivre la tendance de son esprit.

Le système de la concession n'a pas besoin d'être défendu : les services qu'il a rendus lui ont depuis longtemps acquis droit de cité ; et s'il est souvent en butte à des attaques injustifiées, c'est qu'il exige une conciliation exacte et parfaite des intérêts publics et des intérêts privés. A ce point de vue le juriste peut, de la manière la plus efficace, seconder l'économiste. Cette conciliation entre des intérêts opposés il pourra l'obtenir par une méthode d'interprétation conforme à la fin que les parties doivent se proposer ; et quel résultat veut-on atteindre dans le contrat de concession, sinon d'employer l'activité individuelle à l'augmentation de la prospérité générale. Peut-être est-ce là le but de tout travail ; mais dans les concessions tous les intérêts sont directement représentés et doivent concourir au même effet ; il n'y a pas entre eux un conflit et l'on peut dire au contraire qu'ils se tiennent étroitement, l'Etat trouvant ses avantages dans la concession, autant que le particulier qui en bénéficie. En conséquence la règle d'interprétation qui doit dominer et dont nous nous sommes constamment inspiré, c'est que d'une part les parties ont en vue d'assurer le succès de l'exploitation, et que, d'autre part l'Etat n'a pas pu abdiquer son droit de veiller à la satisfaction des besoins généraux.

La concession ne peut être féconde qu'à deux conditions : il faut, en premier lieu, que l'autorité, tout en conservant un droit de contrôle efficace, laisse cependant au concessionnaire une indépendance et une liberté suffisantes ; il faut, en second lieu, que, sans établir de monopole inutile nuisant sans nécessité à la loi de la loi de la concurrence, le concédant assure cependant au concessionnaire une exploitation productive.

Nous avons été guidé constamment par ces idées de faire accorder l'intérêt individuel du concessionnaire avec l'intérêt collectif représenté par le concédant. C'est dans cet esprit que nous avons défini leurs obligations et leurs droits respectifs, en refusant à l'Etat soit le droit d'intervenir directement dans l'exécution des travaux, soit de prononcer la résiliation d'un contrat où il n'est que partie. Quant au monopole de fait résultant de l'acte de concession, nous l'avons limité aux cas où il ne serait pas contraire à l'intérêt général, en le fondant seulement sur le principe que les contrats s'exécutent de bonne foi.

On ne peut citer ici que des exemples. Ils suffiront peut-être à faire ressortir quelle méthode a été suivie au cours de cette étude purement juridique : nous avons cherché à faire de la concession ce qu'elle doit être : un contrat destiné à assurer l'exécution de travaux d'utilité publique en stimulant l'intérêt privé,—l'intérêt public et l'intérêtin dividuel se confondant pour concourir au but commun. Les règles de droit une fois posées serviront peut-être à les concilier pour aboutir à ce but qui est l'accroissement du bien-être général.

Vu :
Le Président de la Thèse,
TH. DUCROCQ.

Vu :
Le Doyen de la Faculté,
COLMET DE SANTERRE.

Vu et permis d'imprimer :
Le Recteur de l'Académie de Paris.
GRÉARD.

TABLE DES MATIÈRES

	Nos	Pages
PRÉFACE. — But de ce travail : simple étude juridique, division.		1
CHAP. I. — *Aperçu historique*	1-10	6
CHAP. II. — *Place occupée par la concession parmi les modes d'exécution des travaux publics ; son role ; son utilité*	11-17	14
a) Régie simple.	12	
b) Régie intéressée.	13	
c) Marchés sur série de prix et à l'unité de mesure.	14	
d) Marchés à forfait	15	
e) Concession.	16-17	
Période de construction et période d'exploitation.	16	
Rôle de la concession.	17	
CHAP. III. — *Le contrat de concession de travaux publics étudié en lui-même : ses caractères généraux*. .	18-28	20
a) Sa filiation juridique par rapport aux autres concessions.	18-19	
b) Caractères du contrat de concession. .	20-28	
Ce n'est pas un louage d'ouvrage, mais un contrat *sui generis*.	20	
C'est un contrat synallagmatique. . .	21	
Caractère commutatif du contrat. . . .	22	
Le caractère temporaire n'est pas de l'essence de la concession.	23-24	
Le contrat est fait *intuitu personæ*. . .	25	
Conséquence : incessibilité de la concession.	26	
Sanction.	28	
CHAP. IV. — *Criterium distinguant la concession de l'entreprise*	29-37	31

Criterium généralement admis : Péages perçus *sur le public*. 29

Conséquences imprévues et inadmissibles. . . . 30-31

Jurisprudence du conseil d'Etat, discussion. . . 32

D'où vient l'erreur : exploitation et péages. . . 33

Criterium proposé : exploitation liée à la construction. 34

Deux périodes distinctes dans la concession : construction et exploitation. 35

L'exploitation, seul but essentiel de la construction. 36

CHAP. V. — *Formation du contrat*. 38-69 41

Section I. — Forme du contrat. 38-42 41

Liberté de traiter de gré à gré. 39-40

Cas où on recourt à l'adjudication . . . 41-42

Section II. — De l'autorité concédante. 43-63 46

§ I. — Règles générales. 44-51 47

a) Travaux de l'Etat. 45

b) Travaux départementaux et communaux. 46-51

§ II. — Règles spéciales à certains travaux. 52-63 53

Section III. — Du concessionnaire. 64-69 60

Principe : Tout le monde peut-être choisi par l'administration. 64

Cas où le choix est réglementé. 55-66

Conditions requises pour être qualifié concessionnaire ; application. 67-69

a) Au chemin de fer de l'Etat. 68

b) Aux villes autorisées à percevoir certains péages. 69

CHAP. VI. — *Obligations des concessionnaires* 71-100 68

Section I. — Obligations à l'égard du concédant. . . 72 68

1° Obligation de construire. 73-75

2° Obligation d'entretenir les ouvrages. 76-77

Destruction par force majeure : le concessionnaire doit reconstruire. 77

3° Obligation d'assurer l'exploitation. 78-79

4° Obligation de remettre les ouvrages au concédant à l'expropriation de la concession. 80

5° Sanctions des obligations du concessionnaire. . . 81-86

a) Saisie des revenus. 82

b) Sequestre. 83
c) Déchéance. 84
Droit de l'Etat sur le cautionnement. . . . 85
Caractère de clause pénale et de nantissement. 86
Section II. — Obligations à l'égard des tiers pour dommages causés. 87-100 82
Principe : Le concessionnaire, substitué au concédant, est responsable comme le serait le concédant. 88
1° Limite des responsabilités respectives du concédant et du concessionnaire. . . 90-99
Dommages causés par l'exécution. . . 90
Dommages causés par l'existence des travaux. 91
Clause mettant tous les dommages à la charge du concessionnaire : sa portée. 92
Quid de la faute contractuelle du concédant?. 93
Effets quant aux tiers d'une clause modifiant la répartition des responsabilités telle qu'elle résulte du droit commun : elle est *res inter alias acta*. . . 94-96
Cas où le dommage est causé par les travaux faits par l'Etat. 97
Préjudice causé par un précédant concessionnaire. 98
Dommages causés à la fois par le concédant et le concessionnaire. 99
2° Responsabilité à raison du fait de certaines personnes. Renvoi du droit commun 100
Chap. VII. — *Droits des concessionnaires* 101-138 94
Section I. — Droits à l'égard du concédant. . . . 101-113 94
1° Droits résultant de conventions financières. . . . 103
2° Droits touchant à l'exécution des travaux. . . . 104
3° Droits tenant à l'exploitation. 105-113
Indépendance du concessionnaire. 105
Le concessionnaire jouit-il d'un monopole?. . . .
Principe, tiré de la substitution du concessionnaire au concédant. 106

Cas où le service concédé était pour l'Etat un monopole 107
Cas où il n'était pas pour l'Etat un monopole : Principe : pas de monopole. Tempérament . . . 108-109
Clauses expresses : contestations. 110-111
Le concédant ne répond que de son fait. 112
On ne peut retourner l'idée de monopole contre le concessionnaire. 113
Section II. — Droits à l'égard des tiers. 114-125 106
1° Pendant la période de construction. 115-116
2° Pendant la période d'exploitation. 117-125
a) Police. 118-120
b) Péages : généralités sur les tarifs . . . 121-125
Section III. — *Droit sur les ouvrages*. 126-138 112
Principe : Domanialité des lignes : donc pas de droit de propriété. 127
Le droit du concessionnaire n'a pas le caractère d'un droit réel. 128
Exception pour des concessions très anciennes, mais la perpétuité n'implique pas la propriété. . 129
Analyse du droit du concessionnaire : il résulte du but économique de la concession 130-132
Conséquences pratiques de la théorie admise. . 133-136
Critique de la jurisprudence du conseil d'Etat pour l'application du droit de mainmorte. 137
Actions possessoires. 138
CHAP. VIII. — *Comment finit le contrat de concession*. . . 139-154 126
1° Expiration du délai 140
2° Resiliation. 141
3° Déchéance. 142-151
4° Rachat. 152-154
CHAP. IX. — *Compétence en matière de concession*. . . . 154-175 138
Section I. — Entre le concessionnaire et le concédant 155-167 139
Clauses d'ordre pécuniaire. 157
Cas où le tribunal judiciaire écarte du débat l'acte de concession. 158
Compétence du conseil de préfecture avant et après l'exécution des travaux. 159
Compétence du conseil de préfecture sur les actes de l'autorité touchant la concession. 160-163

Contestations sur une question de propriété. . . 164
Exemption de tarifs. 165
Contestations ne portant pas sur la concession même. 166
La compétence des conseils de préfecture est d'ordre public. 167
Section II. — Entre les concessionnaires et les tiers. 168-175 152
a) Entre le concessionnaire et les sous-traitants. 169
b) Contestation à propos de dommages. . . 170-171
c) Tarifs. 172-175
Conclusion. 159

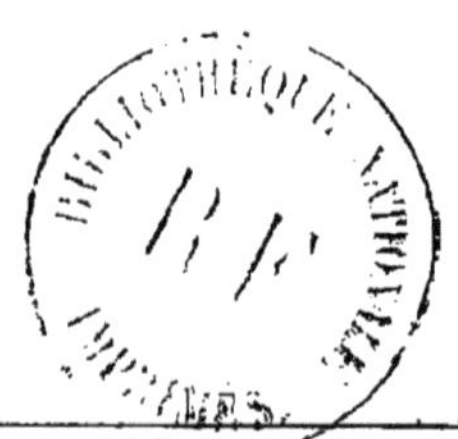

Laval. — Imp. et stér. E. JAMIN, rue Ricordaine, 8.

www.ingramcontent.com/pod-product-compliance
Ingram Content Group UK Ltd.
Pitfield, Milton Keynes, MK11 3LW, UK
UKHW020251250726
13967UKWH00004B/1608

9 782013 073882